Sandrine GUÉDON

25 MINI-TOYS EN FEUTRINE

les éditions de saxe

SOMMAIRE

INCLUS
Gabarits taille réelle
INCLUS

LES MODÈLES

OBJETS ET DÉCORATIONS

TABLEAUX

FOURNITURES

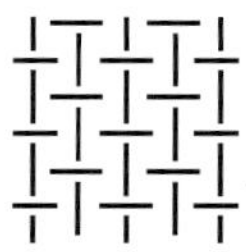
Tissus de lin

Feutrine Cinnamon Patch de Milpoint

Fils à broder moulinés de DMC

Rubans fantaisie

Ficelle naturelle

Boîtes en bois (ovale et ronde)

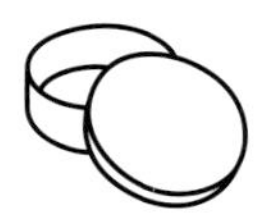
Boîtes en carton (ovale et ronde)

Cadres photos de différentes tailles

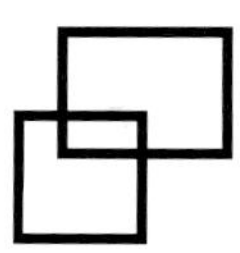
Châssis carrés et rectangles prêts à décorer

Objets prêts à décorer (panier, boîte à stylos, boîte à secrets, etc.)

Anses en bambou

Feutre à encre effaçable

Ouate de rembourrage

Ouate au mètre

Pistolet à colle

Agrafeuse

Nécessaire de couture

Cahier TECHNIQUE

POINTS DE BRODERIE LIBRE

POINT AVANT

Il s'exécute de droite à gauche.
L'aiguille traverse le tissu, passe dessous puis repasse sur le dessus du tissu à intervalle régulier.
Sortir en 1, piquer en 2, sortir en 3 et repiquer en 4.

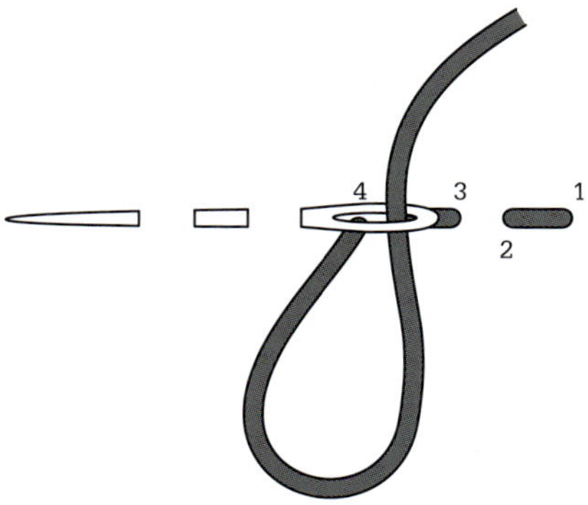

POINT ARRIÈRE

Il se réalise de droite à gauche. Sortir le fil en 1. Piquer en arrière au même niveau en 2, puis ressortir l'aiguille en 3, (le point passant sous le tissu fait 3 fois la longueur de 1 à 2). Repiquer en 4 et ressortir en 5. Répéter ces étapes en faisant des points très réguliers.

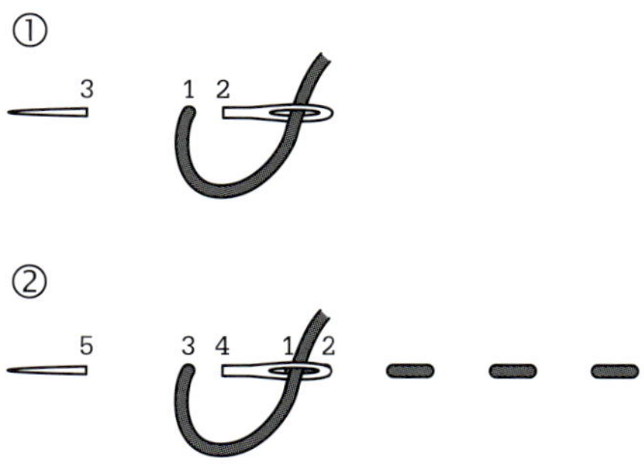

POINT LANCÉ

C'est un point qui recouvre en un seul point la ligne du tracé. Le fil sort en 1, piquer l'aiguille en 2, ressortir en 3.

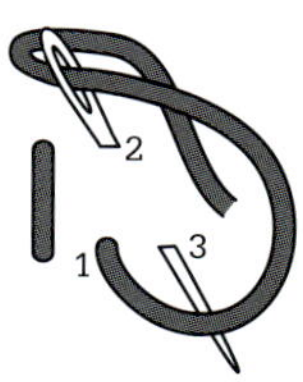

POINT DE FESTON

Il s'exécute de gauche à droite. Le fil sort en 1. Piquer l'aiguille en 2 et ressortir en 3 en maintenant le fil sous la pointe de l'aiguille.
Continuer selon le même principe.

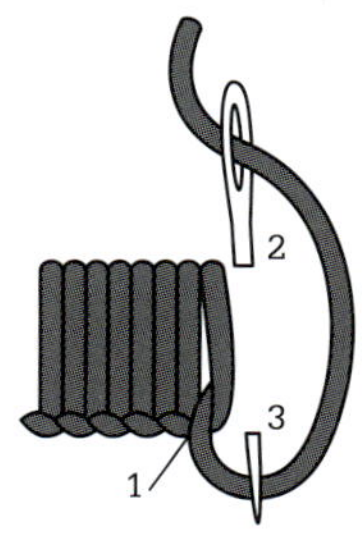

POINT DE NŒUD DOUBLE

Le fil sort en 1.
Enrouler le fil 2 fois autour de l'aiguille en le maintenant avec le pouce gauche.
Tirer doucement l'aiguille puis la repiquer en 2 à côté du point 1.

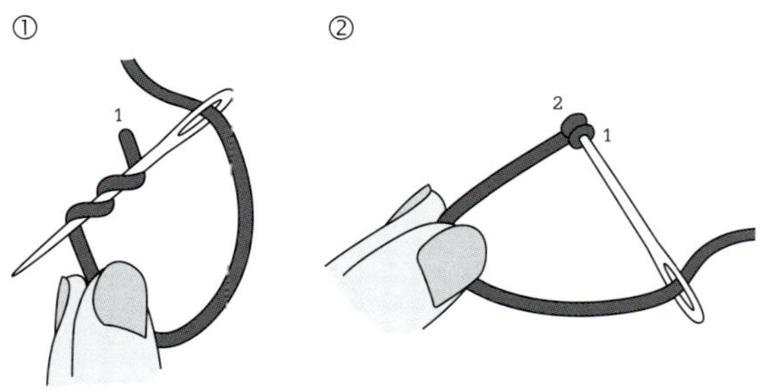

POINT DE NŒUD TRIPLE

Comme le point de nœud double mais entourer 3 fois le fil autour de l'aiguille (au lieu de 2).

POINT DE CHAÎNETTE

Sortir en 1, piquer juste à côté pour former une boucle. Sortir en 2, puis repiquer à l'intérieur de la boucle et ressortir en 3. Répéter ces étapes en travaillant régulièrement et en veillant à ne pas trop tirer sur le fil lors de la formation des boucles.
Arrêter par un petit point.

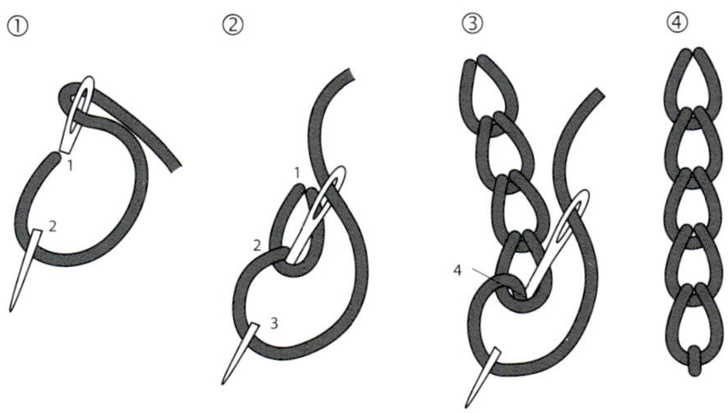

POINT DE BOUCLETTE

Le fil sort en 1, piquer l'aiguille tout près de 1 (en 2), avec le fil sous l'aiguille pour former une boucle et piquer en 3. Enfin, piquer en 4 pour maintenir la boucle par un petit point vertical.

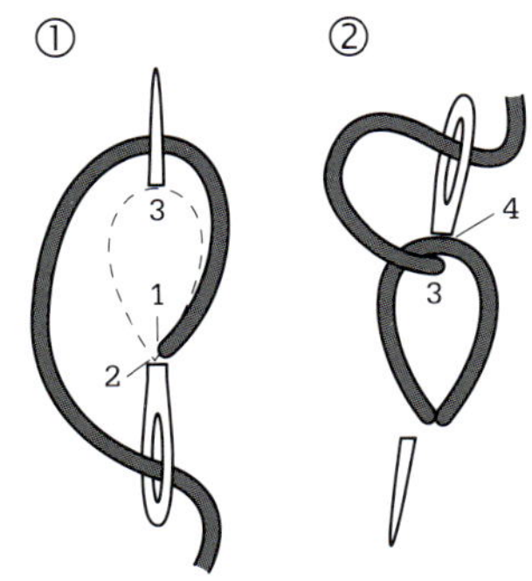

POINT DE TIGE

Il s'exécute de gauche à droite et s'utilise pour les lignes droites ou courbes. Le fil sort en 1.
Piquer l'aiguille en 2 sur la droite et ressortir l'aiguille en 3 légèrement en biais et au-dessus du fil, au milieu du point précédent.

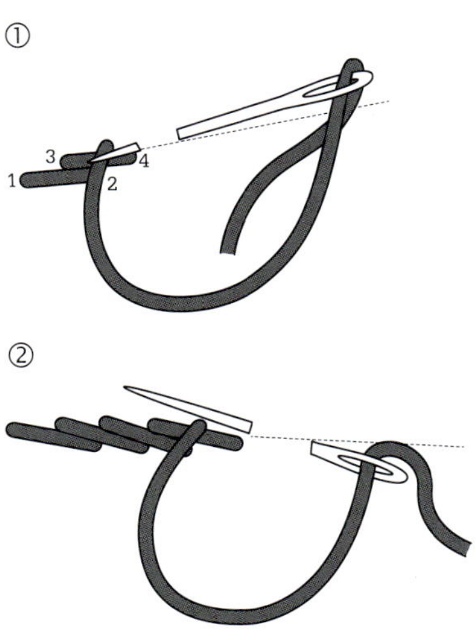

POINT DE CROIX

Cette méthode est utilisée pour réaliser des points uniques ou brodés avec des fils dégradés.
Le premier point est terminé avant d'entamer le suivant.
Sortir en 1, piquer en 2, ressortir en 3 et piquer en 4.

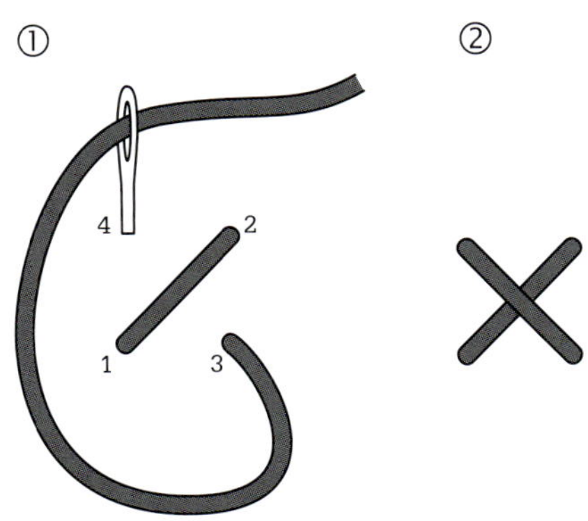

TECHNIQUE

APPLIQUER DE MANIÈRE INVISIBLE

Certaines pièces sont appliquées à points discrets invisibles sur l'endroit du tissu. Pour cela, le travail de couture se fait sur l'envers du lin.
Le fil passe dans l'épaisseur de la feutrine sans la traverser pour obtenir une couture invisible sur le devant des pièces.

1. Maintenir la pièce sur l'avant de la toile de lin avec le doigt et retourner l'ensemble.

2. Broder quelques points arrière en passant le fil dans l'épaisseur de la feutrine. La couture est invisible sur le devant de la pièce.

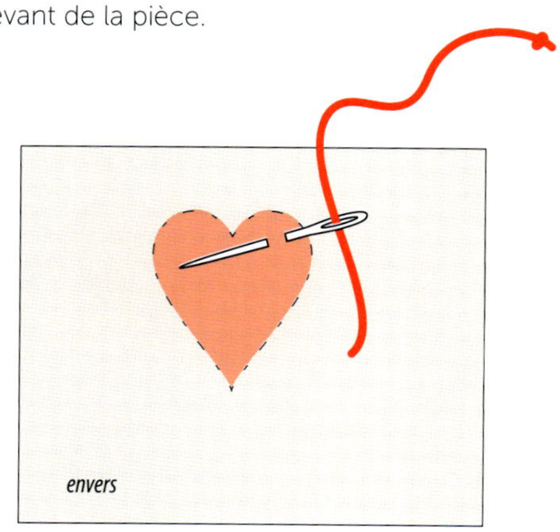

TENDRE UNE TOILE BRODÉE SUR UN SUPPORT

1. Repasser la toile brodée (à l'aide d'une patte-mouille), coller une épaisseur de ouate sur le châssis.
La ouate est coupée à bord brut.
Centrer et poser le châssis le lin brodé.

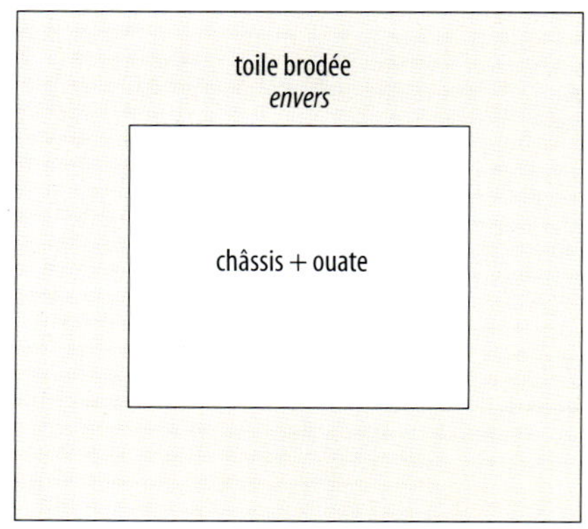

2. Rabattre 2 bords opposés et les fixer par un fil.
Passer le fil d'un bord à l'autre.
Serrer le fil au fur et à mesure pour tendre la toile de lin.

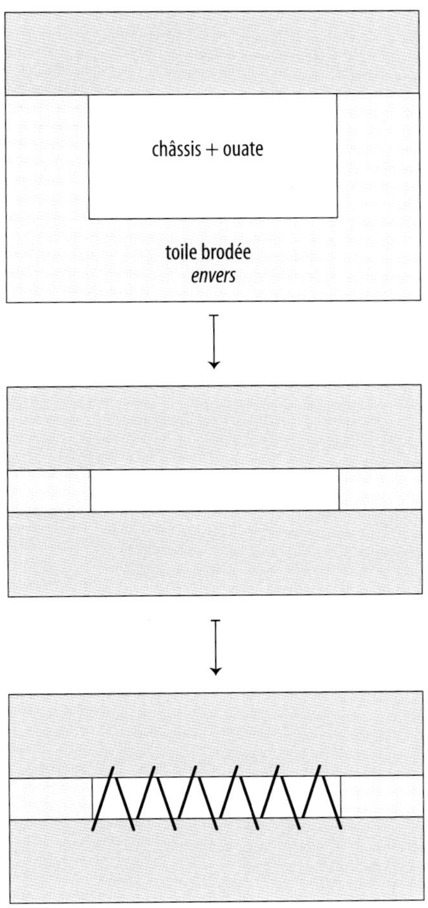

3. Plier les angles « au carré »,
rabattre les 2 bords opposés et tendre la toile, comme à l'étape précédente.

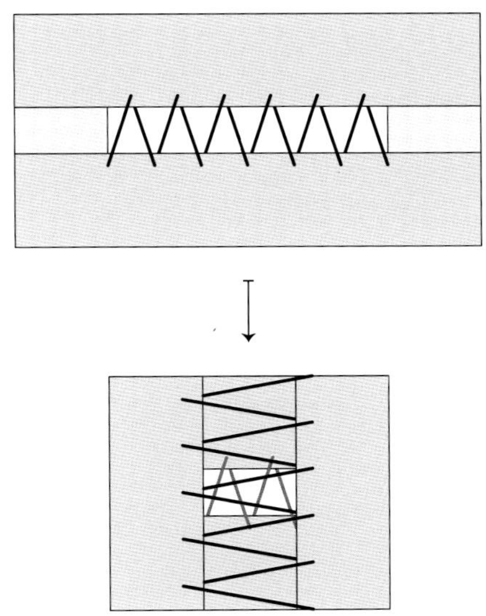

TECHNIQUE

RECOUVRIR UN CHÂSSIS DE LIN

1. Coller une épaisseur de ouate sur le châssis.
La ouate est coupée à bord brut.

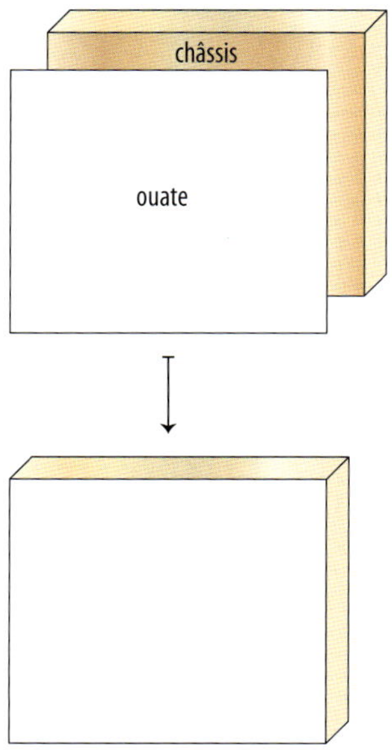

2. Centrer et poser le lin brodé sur le châssis.

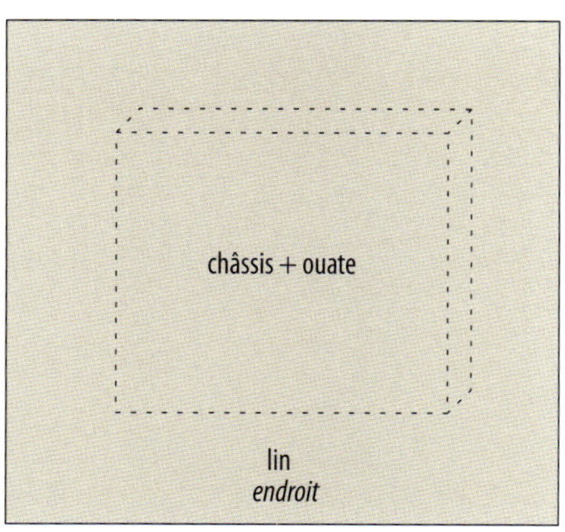

3. Rabattre les 2 bords opposés sur l'envers et les agrafer.

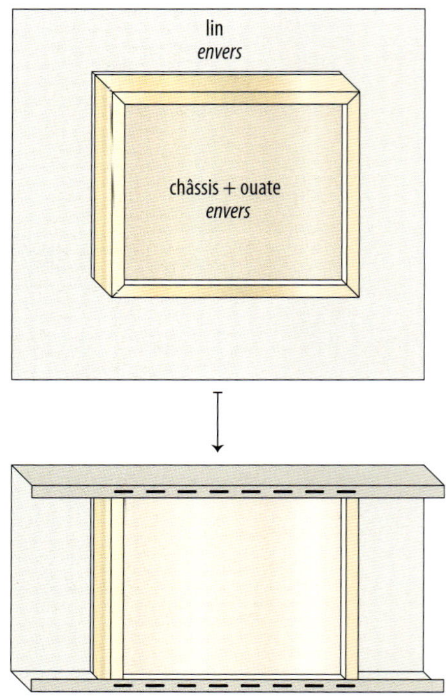

4. Plier les angles « au carré », rabattre les 2 autres bords opposés et les agrafer.

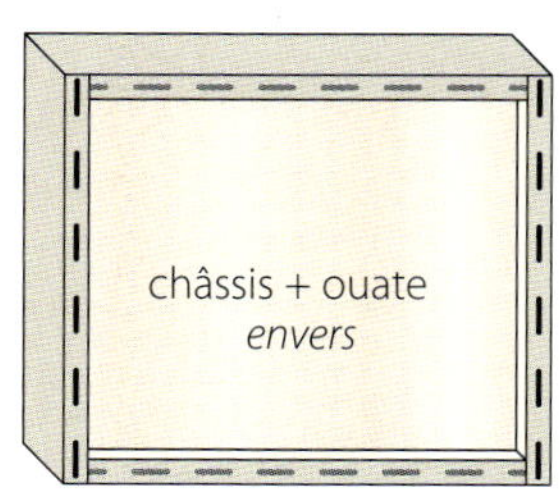

Les MODÈLES

DIMENSIONS BOÎTE 9 x 11 cm
TECHNIQUE broderie main

BOÎTE DANSEUSE

FOURNITURES

- → Toile de lin de Zweigart : Belfast (réf. 3609) coloris 770, Belfast petit point (réf. 3609) coloris 5379
- → Feutrines The Cinnamon Patch de Milpoint : rose poudre (012), rose anglais (017), lagon (035), souris (072), framboise (099)
- → Coton à broder mouliné de DMC : 224, 310, 962, 3811
- → 70 cm de ruban fantaisie rose à pois de 1 cm de large de Rico Design
- → 1 boîte en bois ovale de 9 x 11 cm et de 9,5 cm de hauteur
- → Ouate au mètre
- → Colle textile
- → Pistolet à colle

COUPE

N.B. COUPER LES PIÈCES EN LIN EN AJOUTANT 2 CM DE MARGE DE COUTURE ; LES PIÈCES EN FEUTRINE ET LA OUATE À BORD BRUT.

COUPER DANS LES FEUTRINES :

- **rose poudre** : 1 fois le personnage A
  1 fois les mains B
- **rose anglais** : 1 fois le tutu C
  1 fois les chaussons D
- **lagon** : 2 bandes *1* de 2,2 x 15,5 cm (bord du couvercle)
  1 pièce ovale *2* de 8,5 x 10,5 cm (socle)
- **souris** : 1 fois les yeux E
- **framboise** : 1 fois le nez F

DANS LE LIN À POIS, COUPER :

1 rectangle *3* de 14 x 34 cm (corps de la boîte)

DANS LE LIN UNI, COUPER :

1 pièce ovale de 9 x 11 cm (couvercle)

DANS LA OUATE, COUPER :

1 pièce ovale de 9 x 11 cm

RÉALISATION

N.B. BRODER L'ENSEMBLE AVEC 2 BRINS DE FIL À BRODER.

BRODERIES ET APPLIQUÉS

- Centrer et épingler le personnage A sur la toile de lin unie.
- Placer les yeux E sur le dessus.
  En s'aidant du dessin codé, broder les iris et les cils.
- Appliquer le nez F et broder la bouche.
- Continuer par les bras et les jambes en ajoutant les mains B et les chaussons D aux extrémités.
- Appliquer le tutu C et le maintenir en place au point arrière.
- Terminer la broderie selon les indications du dessin codé.

Montage page suivante →

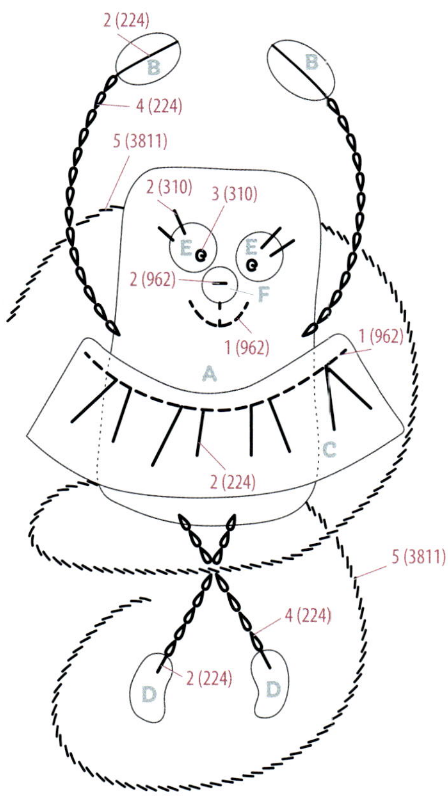

DESSIN CODÉ À TAILLE RÉELLE

Points de broderie
1. Point arrière
2. Point lancé
3. Point de nœud double
4. Point de chaînette
5. Point de tige

Made in France
La Carte

MONTAGE

1. Repasser la broderie avec une patte-mouille.
Superposer et centrer le lin sur la ouate ovale.
Poser le tout sur le couvercle et cranter les bords.
Coller les surplus crantés sur le bord du couvercle.
Coller les bandes en feutrine *1* sur ce bord.
Chaque bande couvre un demi-côté de la boîte.

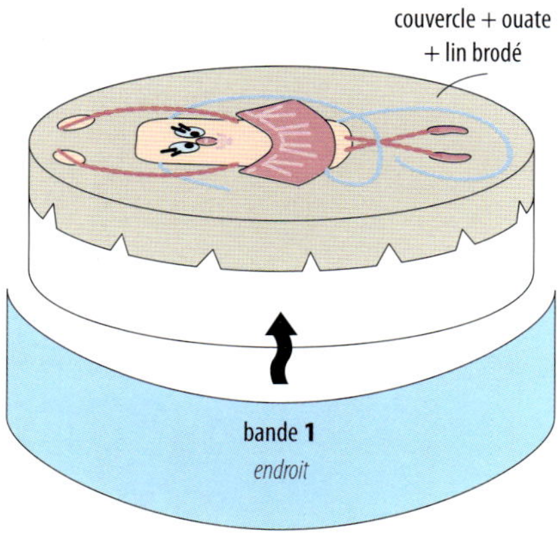

2. Centrer et coller le ruban fantaisie sur la feutrine lagon.

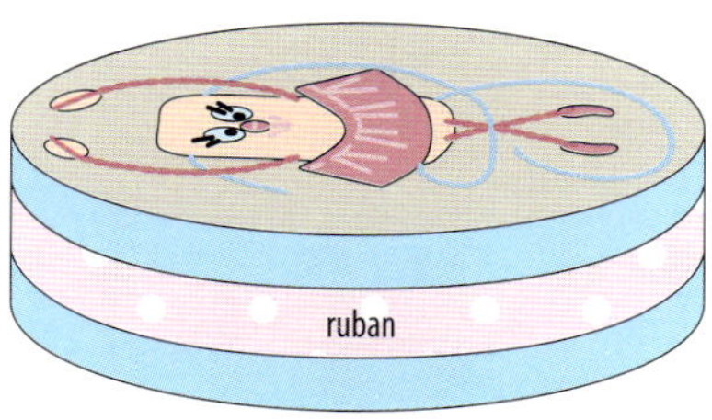

3. Réaliser 2 nœuds.
Pour cela, couper 2 morceaux de ruban de 10 cm.
Former un cercle avec un des morceaux et coudre.

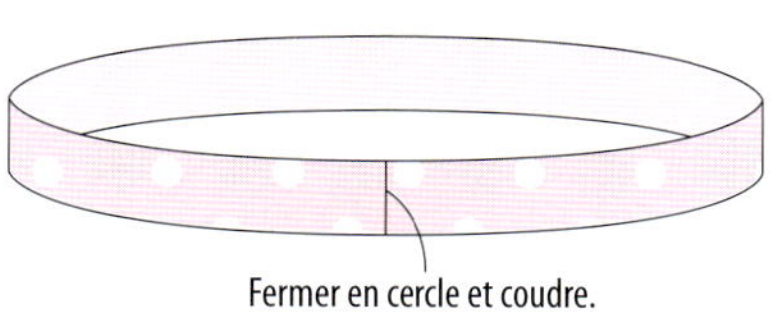

4. Enrouler 2 cm de ruban au centre du cercle et fermer sur l'arrière.

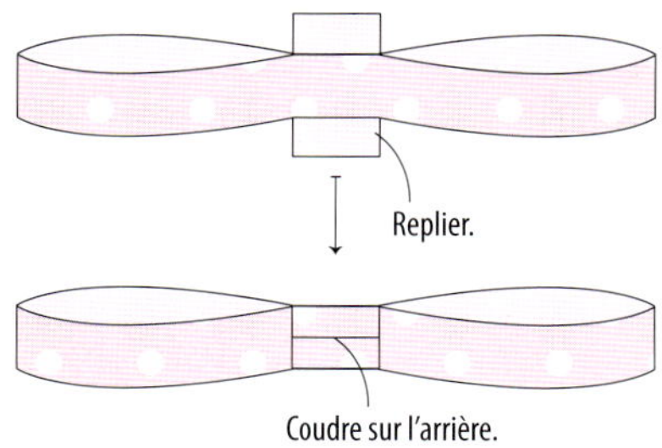

5. Réaliser un 2e nœud.
6. Coller les nœuds de chaque côté du couvercle.
7. Encoller la boîte en carton.
Coller le rectangle de lin à pois *3* sur la partie encollée de la boîte. Laisser dépasser 1,5 cm de lin au niveau du bord supérieur.
8. Garnir le tour de la boîte. Ourler la partie latérale.
Rabattre et coller sur le lin.
Encoller et replier le surplus du bord haut vers l'intérieur de la boîte.
9. Cranter, replier et coller les surplus de la base sous la boîte.
10. Coller l'ovale *2* en feutrine lagon sous la boîte.

DIMENSIONS BOÎTE 6 x 18 cm
broderie main
TECHNIQUE

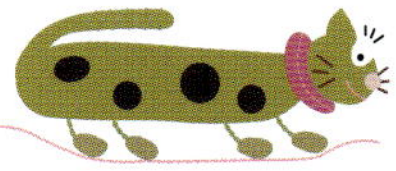

BOÎTE À CRAYONS

FOURNITURES

- Toile de lin de Zweigart : Belfast (réf. 3609) coloris 4034
- Feutrines The Cinnamon Patch de Milpoint :
  moutarde au miel (003),
  moutarde anglaise (004),
  rose poudre (012),
  rose anglais (017),
  réglisse (060),
  blanc antique (068)
- Coton à broder mouliné de DMC : 310, 434, 733, 899, 948, 3031
- 45 cm de ruban rose pâle à pois de 1 cm de large
- 1 boîte à crayons en bois de 18 x 6 cm avec fermoir
- Ouate au mètre
- Pistolet à colle

COUPE

N.B. COUPER LES PIÈCES EN LIN EN AJOUTANT 1 CM DE MARGE DE COUTURE; LES PIÈCES EN FEUTRINE ET LA OUATE À BORD BRUT.

COUPER DANS LES FEUTRINES :

- **moutarde au miel** : 1 fois le personnage **A**
- **moutarde anglaise** : 1 fois les pieds **B**
- **rose poudre** : 1 fois le nez **C**
- **rose anglais** : 1 fois le collier **D**
- **réglisse** : 1 fois chacun des ronds **E**
- **blanc antique** : 1 fois l'œil **F**

DANS LE LIN ROSE, COUPER :
1 pièce rectangulaire de 21 x 9 cm

DANS LA OUATE, COUPER :
1 fois la forme du couvercle de la boîte

RÉALISATION

N.B. BRODER L'ENSEMBLE AVEC 2 BRINS DE FIL À BRODER (SAUF MENTION CONTRAIRE).

BRODERIES ET APPLIQUÉS

- En s'aidant du dessin codé, centrer et appliquer le personnage **A** sur la toile de lin. Broder les décors de la queue.
- Placer l'œil **F** sur le dessus, ajouter l'iris et les cils.
- Broder la bouche. Broder les moustaches.
- Appliquer le nez **C** à petits points discrets.
- Broder les pattes en ajoutant les pieds **B** aux extrémités. Broder les griffes.
- Appliquer le collier **D**. Fixer les ronds **E**.
- Broder le sol.

MONTAGE

1. Dévisser le fermoir doré.
   Superposer le lin brodé sur la pièce de ouate. Poser le tout sur le couvercle et cranter les bords. Coller les surplus crantés sur le bord du couvercle. Coller le ruban fantaisie sur le dessus.

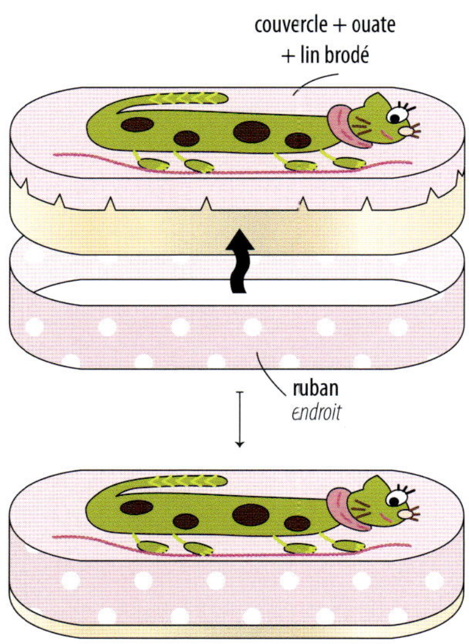

2. Fixer le fermoir doré sur la boîte.

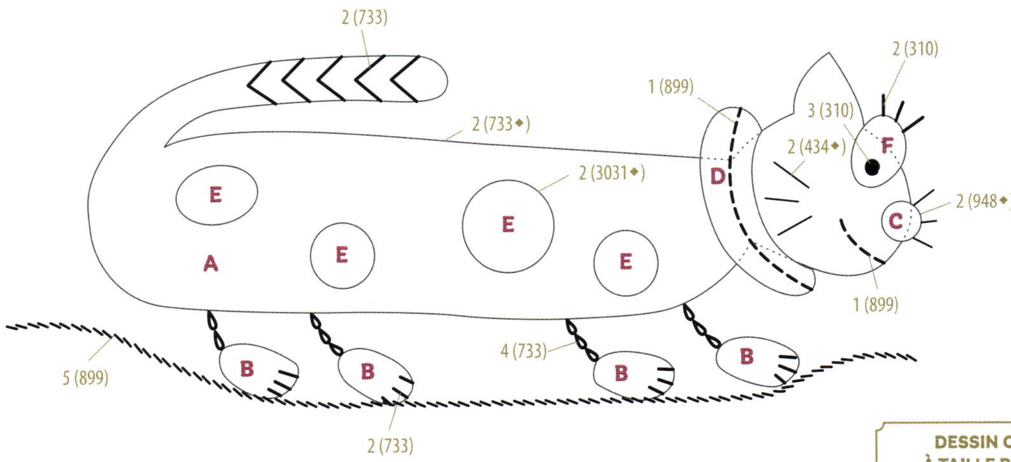

DESSIN CODÉ À TAILLE RÉELLE

Points de broderie

◆ = Broder avec 1 seul brin de fil.

1. Point arrière

2. Point lancé

3. Point de nœud triple

4. Point de chaînette

5. Point de tige

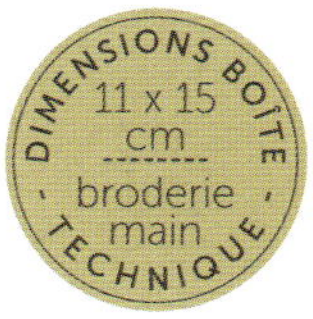

BOÎTE OVALE

FOURNITURES

- Toile de lin de Zweigart : Belfast (réf. 3609) coloris 770
- Feutrines The Cinnamon Patch de Milpoint : courge (085), camouflage (053), crème de citrouille (007), moutarde anglaise (004), blanc antique (068)
- Coton à broder mouliné de DMC : blanc, 310, 420, 470, 741, 898, 936
- 1 boîte en bois ovale de 11 x 15 cm
- Ouate au mètre
- Pistolet à colle

COUPE

N.B. COUPER LES PIÈCES EN LIN EN AJOUTANT 3 CM DE MARGE DE COUTURE ; LES PIÈCES EN FEUTRINE ET LA OUATE À BORD BRUT.

COUPER DANS LES FEUTRINES :

- **crème de citrouille** : 1 fois le personnage **A**
- **courge** : 1 fois le personnage **B**
- **camouflage** :
  1 fois les mains **E**
  1 fois les pieds **F**
  1 bande *1* de 1,3 x 44 cm (bord couvercle de la boîte)
- **moutarde anglaise** :
  1 fois les mains **C**
  1 fois les pieds **D**
  1 bande *2* de 4,5 x 41 cm (habillage de la boîte)
- **blanc antique** : 1 fois les yeux **G**
  1 fois les yeux **H**

DANS LE LIN, COUPER :

1 rectangle de 11 x 15 cm (boîte ovale)

DANS LA OUATE, COUPER :

1 fois le couvercle de la boîte ovale

RÉALISATION

N.B. BRODER L'ENSEMBLE AVEC 2 BRINS DE FIL À BRODER.

BRODERIES ET APPLIQUÉS

- Centrer et épingler les personnages **A** et **B** sur la toile de lin.
- Placer les yeux **G** et **H** sur chaque personnage.
  En s'aidant du dessin codé, broder les iris, les cils, les sourcils et les nez.
- Continuer par les bouches, les cheveux, le nombril et les oreilles, puis les bras et les jambes.
- Ajouter les mains **C** et **E**, les pieds **D** et **F** par quelques points arrières et compléter la broderie.

Montage page suivante →

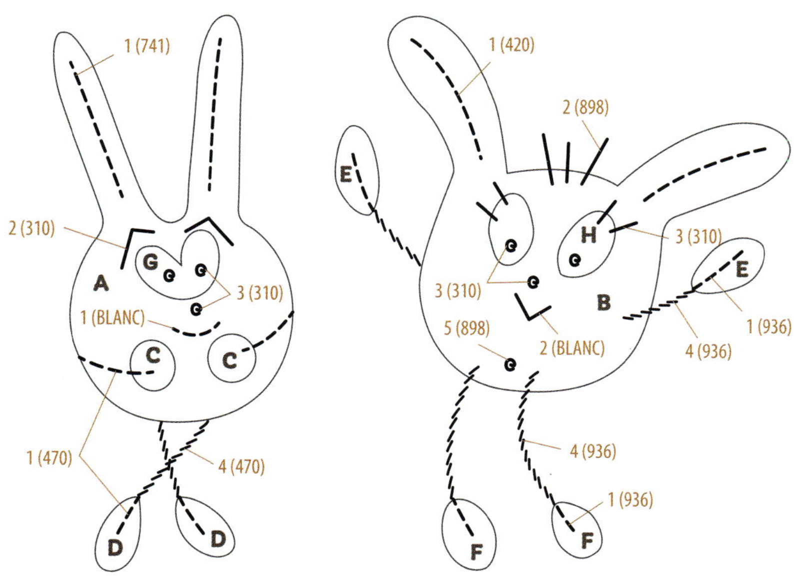

DESSIN CODÉ À TAILLE RÉELLE

Points de broderie
1. Point arrière
2. Point lancé
3. Point de nœud double
4. Point de tige

MONTAGE

1. Repasser la broderie avec une patte-mouille. Superposer le lin sur la pièce de ouate. Poser le tout sur le couvercle et cranter les bords. Coller les surplus crantés sur le bord du couvercle. Coller la bande *1* sur le bord du couvercle.

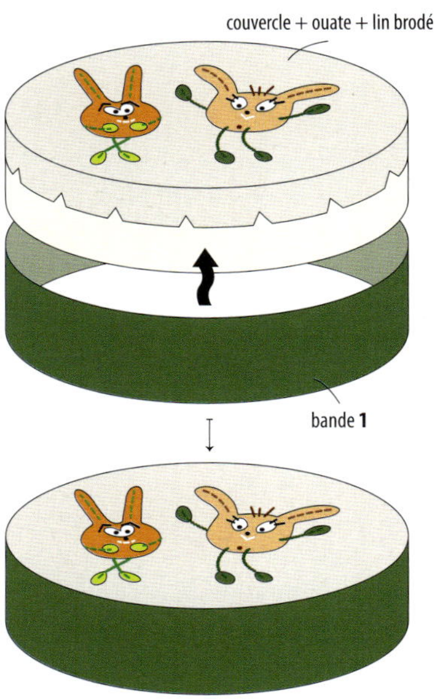

2. Coller la bande *2* sur le corps de la boîte à 1,2 cm du bord supérieur. Cranter, replier et coller les surplus de feutrine sous la boîte.

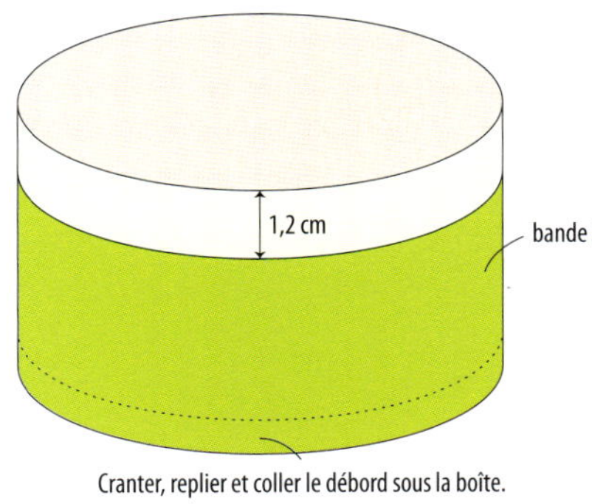

DIMENSIONS BOÎTE diam. 12 cm
broderie main TECHNIQUE

BOÎTE RONDE

FOURNITURES

- Toile de lin de Zweigart : Belfast (réf. 3609) coloris 770
- Feutrines The Cinnamon Patch de Milpoint : jaune tendre (002), courge (085), moutarde anglaise (004), blanc antique (068)
- Coton à broder mouliné de DMC : 310, 720, 740, 898, 3363
- 1 boîte en bois ronde de 12 cm de diamètre
- Ouate au mètre
- Pistolet à colle

COUPE

N.B. COUPER LES PIÈCES EN LIN EN AJOUTANT 2 CM DE MARGE DE COUTURE ; LES PIÈCES EN FEUTRINE ET LA OUATE À BORD BRUT.

COUPER DANS LES FEUTRINES :

- **jaune tendre** : 1 fois le personnage **A**
- **courge** :
  1 fois le ventre **B**
  1 bande *1* de 4,5 x 38 cm
  (habillage de la boîte)
- **moutarde anglaise** :
  1 fois les mains **C**
  1 fois les pieds **D**
  1 bande *2* de 1,3 x 38 cm
  (bord couvercle de la boîte)
- **blanc antique** : 1 fois les yeux **E**

DANS LE LIN, COUPER :

1 cercle de 12 cm de diamètre

DANS LA OUATE, COUPER :

1 cercle de 12 cm de diamètre

RÉALISATION

N.B. BRODER L'ENSEMBLE AVEC 2 BRINS DE FIL À BRODER.

BRODERIES ET APPLIQUÉS

- Centrer et épingler le personnage **A** sur la toile de lin.
- Placer les yeux **E** sur le dessus
  En s'aidant du dessin codé, broder les iris et les cils, puis la bouche, le nez et les cheveux. Continuer par les bras et les jambes en ajoutant les mains **C** et les pieds **D** aux extrémités.
- Appliquer le ventre **B** au point lancé et broder le nombril.

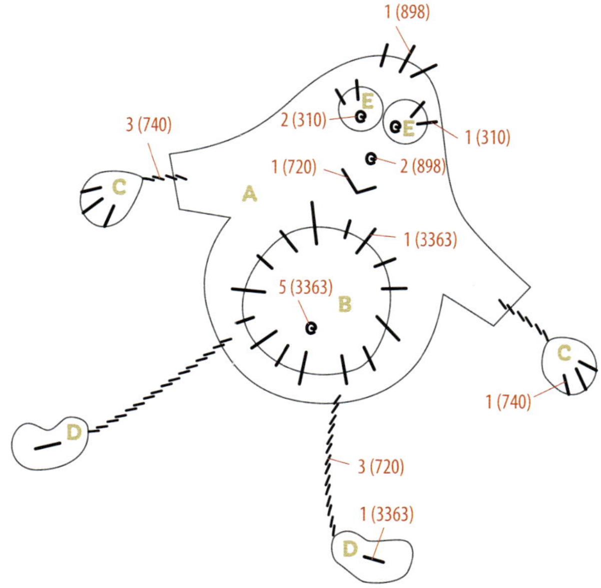

DESSIN CODÉ À TAILLE RÉELLE

Points de broderie
1. Point lancé
2. Point de nœud double
3. Point de tige

MONTAGE

1. Repasser la broderie avec une patte-mouille.
Superposer le lin sur le cercle de ouate.
Poser le tout sur le couvercle et cranter les bords.
Coller les surplus crantés sur le bord du couvercle.
Coller la bande *2* sur le bord du couvercle.

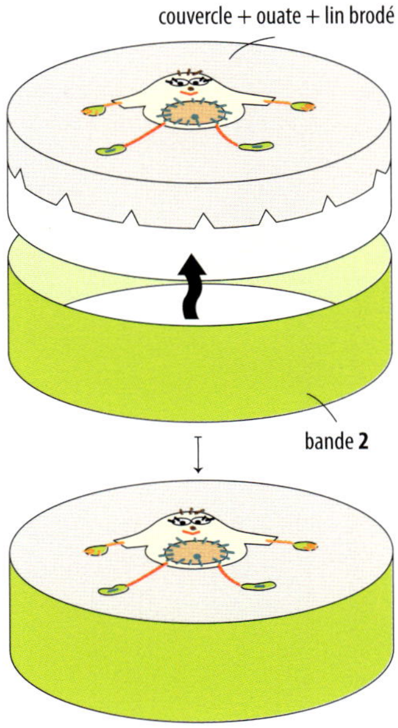

2. Coller la bande *1* sur le corps de la boîte à 1,2 cm du bord supérieur. Cranter, replier et coller les surplus de feutrine sous la boîte.

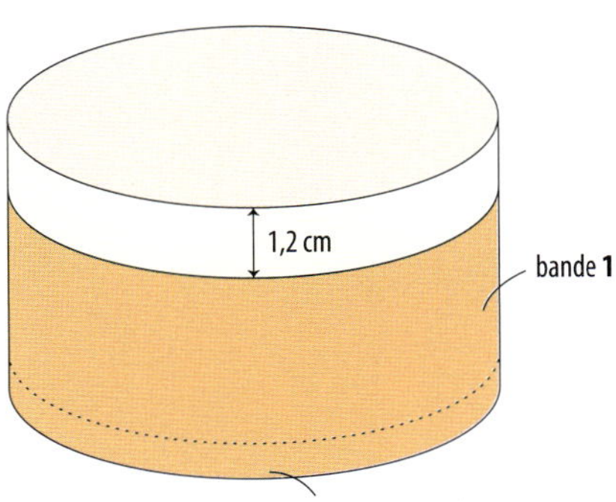

LOVE

DIMENSIONS BOÎTE 8 x 13 cm
TECHNIQUE broderie main

BOÎTE À SECRETS

FOURNITURES

- Feutrines The Cinnamon Patch de Milpoint :
  vieux rose (018),
  souris (072),
  bleu tropical (098),
  blanc antique (068)
- Coton à broder mouliné de DMC : 310, 519, 603, 948, 3503, 3760
- 1 boîte rectangulaire en bois de 8 x 13 cm avec fermoir
- Pistolet à colle

COUPE

N.B. COUPER LES PIÈCES EN LIN EN AJOUTANT 3 CM DE MARGE DE COUTURE ET LES PIÈCES EN FEUTRINE À BORD BRUT.

COUPER DANS LES FEUTRINES :

- **vieux rose** : 1 fois le fond **A**
  1 fois le cœur **B**
- **souris** : 1 fois le personnage **C**
- **bleu tropical** : 1 fois le cœur **D**
- **blanc antique** : 1 fois le personnage **E**

RÉALISATION

N.B. BRODER L'ENSEMBLE AVEC 2 BRINS DE FIL À BRODER (SAUF MENTION CONTRAIRE).

Décalquer le fond **A** (double cœur) sur une feuille calque.
Reporter ce gabarit sur la feutrine vieux rose et couper.

BRODERIES ET APPLIQUÉS

- Centrer et épingler les personnages **C** et **E** sur le fond **A** en feutrine.
- En s'aidant du dessin codé, broder les iris les sourcils, les bouches et les nez. Poursuivre par les bras et les jambes.
- Broder la guirlande, appliquer le cœur **D** au centre et broder les étoiles.
- Broder l'inscription « Love » sur la pièce **B**.

MONTAGE

1. Encoller le support en bois et positionner le fond **A** en pressant fortement les bords de la pièce.
2. Coller la pièce **B** sur la face de la boîte.

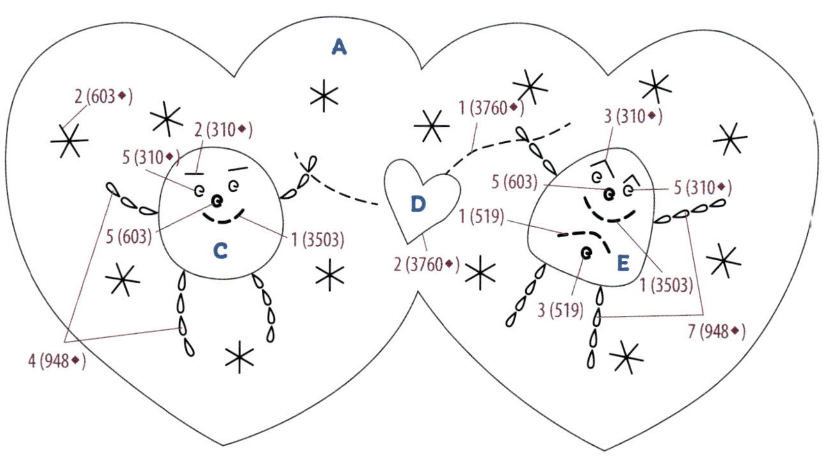

DESSIN CODÉ À TAILLE RÉELLE

Points de broderie
• = Broder avec 1 seul brin de fil.

1. Point arrière
2. Point lancé
3. Point de nœud double
4. Point de chaînette

LOVE

DIMENSIONS POT
Diamètre 5.8 cm
Hauteur 10.2 cm

TECHNIQUE
broderie main

POT À CRAYONS

ET SON CRAYON ASSORTI

FOURNITURES

- Toile de lin à pois de Zweigart : Belfast petit point (réf. 3609) coloris 5379
- Feutrines The Cinnamon Patch de Milpoint :
  bleu paon (036),
  rose anglais (017),
  lagon (035),
  blanc antique (068)
- Coton à broder mouliné de DMC : 310, 224, 899, 3022, 3024, 3844
- 1 pot à crayons rond en bois de 5,8 cm de diamètre et de 10,2 cm de hauteur
- Ouate de rembourrage
- Pistolet à colle

COUPE

N.B. COUPER LES PIÈCES EN LIN EN AJOUTANT 1 CM DE MARGE DE COUTURE ET LES PIÈCES EN FEUTRINE À BORD BRUT.

Pot à crayons

COUPER DANS LES FEUTRINES :

- **bleu paon :** 1 fois le personnage **A**
- **rose anglais** : 1 fois le nez **C**
- **lagon** : 1 fois les pattes **E**
- **blanc antique** : 1 fois les yeux **F**

DANS LE LIN À POIS, COUPER :

- 1 rectangle *2* de 10,2 x 17 cm

Décor crayon

COUPER DANS LES FEUTRINES :

- **bleu paon :**
  1 fois la pièce **B** en miroir
  1 fois le nez **D**
  1 bande *1* de 0,3 x 10 cm (cheveux)
- **rose anglais** :
  1 fois la pièce **B** (devant)
- **blanc antique** : 1 fois les yeux **G**

RÉALISATION DU POT À CRAYONS

N.B. BRODER L'ENSEMBLE AVEC 2 BRINS DE FIL À BRODER (SAUF MENTION CONTRAIRE).

BRODERIES ET APPLIQUÉS

- Centrer et épingler le personnage **A** sur la toile de lin.
- Placer les yeux **F** sur le dessus.
  En s'aidant du dessin codé, broder les iris et les cils.
- Appliquer le nez **C** à petits points discrets.
- Broder la bouche, les oreilles, le ventre et les taches de rousseur.
- Broder les bras et les jambes en ajoutant les pattes **E** aux extrémités.

Montage page suivante →

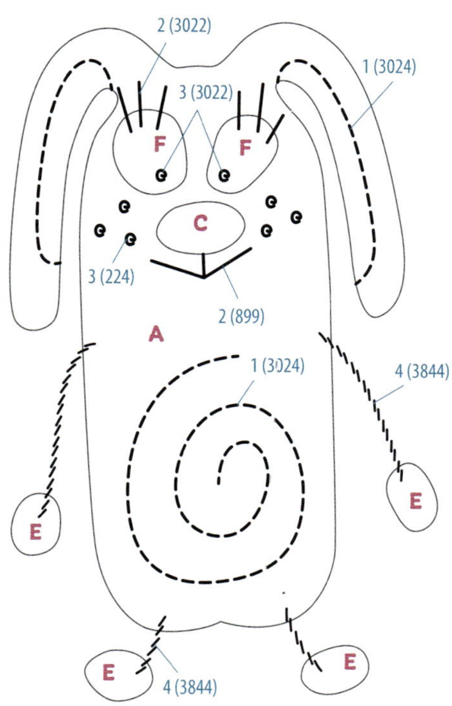

DESSIN CODÉ À TAILLE RÉELLE

Points de broderie
1. Point arrière
2. Point lancé
3. Point de nœud double
4. Point de tige

BRASIL

MONTAGE

1. Repasser la broderie avec une patte-mouille. Replier les surplus du rectangle de lin sur l'envers et repasser.

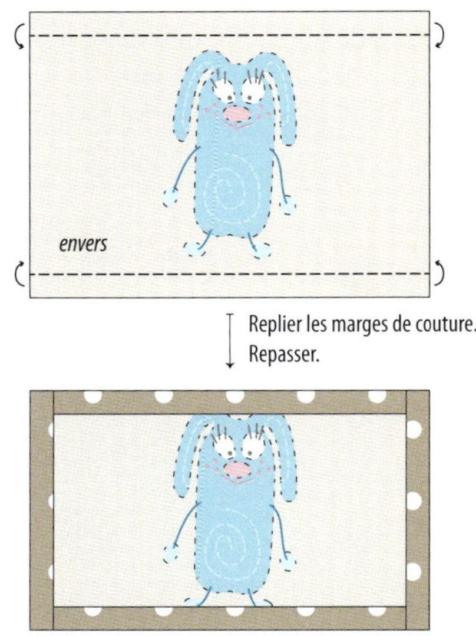

2. Garnir le tour du pot, ourler et épingler. Coudre à petits points discrets le long de l'ourlet.

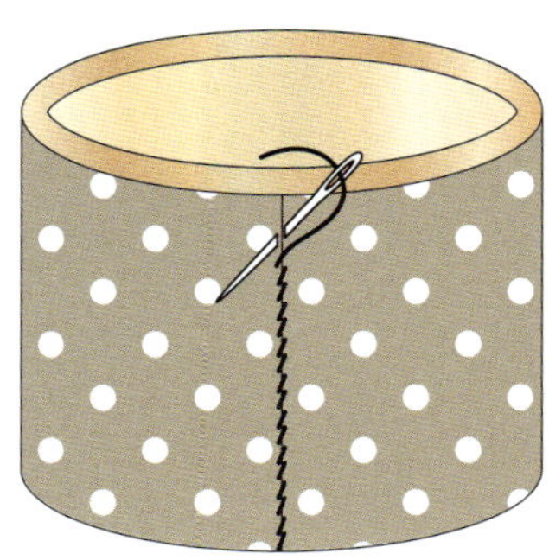

RÉALISATION

N.B. BRODER L'ENSEMBLE AVEC 2 BRINS DE FIL À BRODER (SAUF MENTION CONTRAIRE).

BRODERIES ET APPLIQUÉS

- Placer les yeux **G** sur le devant du personnage **B**. En s'aidant du dessin codé, broder les iris et les cils.
- Appliquer le nez **D** à petits points discrets.
- Broder la bouche, le ventre et les taches de rousseur.

MONTAGE

1. Superposer le devant brodé et le dos **B** (en feutrine bleu paon), envers contre envers, et broder le contour au point lancé (le plus petit et le plus régulier possible) avec 1 brin de fil 899, tout en laissant sur le bord inférieur une ouverture du diamètre du crayon.
2. Rembourrer de ouate. Coller l'extrémité du crayon dans l'ouverture.
3. Couper la bande *1* en 3 parties égales pour former les cheveux. Les fixer sur le dessus de la tête par quelques points de couture.

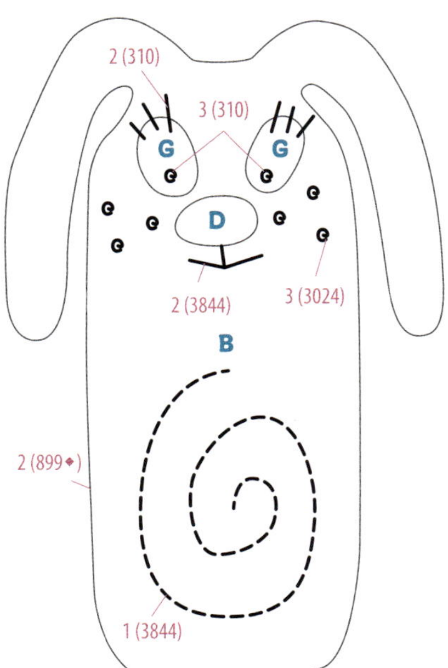

DESSIN CODÉ À TAILLE RÉELLE

Points de broderie

◆ = Broder avec 1 seul brin de fil.

1. Point arrière
2. Point lancé
3. Point de nœud double

DIMENSIONS BOÎTE
9 x 14 cm
broderie main
TECHNIQUE

CHAISE DE PLAGE

FOURNITURES

- Toile de lin Vintage de Zweigart : Belfast (réf. 3609) coloris 1079
- Feutrines The Cinnamon Patch de Milpoint :
  océan (033),
  lagon (035),
  blanc antique (068),
  rose anglais (017),
  rose poudre (012)
- Coton à broder mouliné de DMC : 224, 310, 3350, 3811, 3815
- 1 cadre chaise-longue turquoise (avec ouverture de 9 x 14 cm)
- Ouate au mètre

COUPE

N.B. COUPER LES PIÈCES EN LIN EN AJOUTANT 2 CM DE MARGE DE COUTURE ET LES PIÈCES EN FEUTRINE À BORD BRUT.

COUPER DANS LES FEUTRINES :

- **océan** : 1 fois le personnage **A**
  1 fois les mains **B**
  1 fois les pieds **C**
- **lagon** : 1 fois l'arrosoir **D**
- **blanc antique** : 1 fois les yeux **E**
- **rose anglais** :
  1 fois le maillot de bain **F**
- **rose poudre** : 1 fois le nez **G**

DANS LA OUATE, COUPER :
1 rectangle de 9 x 14 cm

DANS LA TOILE À BRODER, COUPER :
1 rectangle de 9 x 14 cm

RÉALISATION

N.B. BRODER L'ENSEMBLE AVEC 2 BRINS DE FIL À BRODER (SAUF MENTION CONTRAIRE).

Centrer et bâtir un rectangle de 9 x 14 cm sur le rectangle de toile à broder (= dimensions hors marge de couture).

BRODERIES ET APPLIQUÉS

- En s'aidant du dessin codé, broder le sol à 2,5 cm de la base du bâti.
- Épingler le personnage **A** à 2,3 cm du sol brodé.
- Broder les bras et les jambes en ajoutant les mains **B** et les pieds **C** à chaque extrémité. Broder les tongs.
- Poser les yeux **E** et broder les cils, l'iris et la bouche.
- Appliquer le nez **G**, puis le maillot de bain **F**. Broder le nombril.
- Appliquer l'arrosoir **D** et broder l'anse.
- Enfin terminer par les oreilles.

MONTAGE

1. Retirer le fil de bâti.
2. Repasser la broderie avec une patte-mouille.
   La superposer sur le rectangle de ouate.
   Positionner le tout sur la vitre du tableau.
3. Replier les surplus sur l'envers et les tendre à la manière d'un tapissier (voir cahier technique).
4. Insérer la broderie dans le cadre.

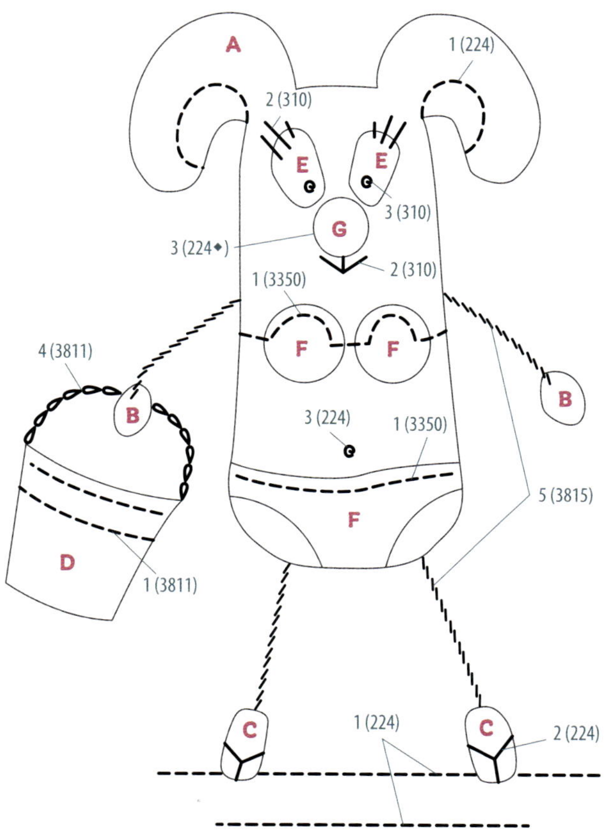

DESSIN CODÉ À TAILLE RÉELLE

Points de broderie

◆ = Broder avec 1 seul brin de fil.

1. Point arrière
2. Point lancé
3. Point de nœud double
4. Point de chaînette
5. Point de tige

DIMENSIONS DE LA POCHETTE
20 x 25,5 cm
TECHNIQUE
broderie main

POCHETTE "A DOG'S LIFE"

FOURNITURES

- Feutrines The Cinnamon Patch de Milpoint : crème de citrouille (007), ambre chinée (010), vert tendre (077), camouflage (053), blanc antique (068), noir (050)
- Coton à broder mouliné de DMC : 310, 470, 720, 741, 937, 3722, 3826
- 1 pochette en feutrine beige de 20 x 25,5 cm de Cultura

COUPE

N.B. Couper les pièces en feutrine à bord brut.

COUPER DANS LES FEUTRINES :

- **crème de citrouille** : 1 fois le chien **A**
- **ambre chinée** : 1 fois le chien **B**
- **vert tendre** : 1 fois les feuilles **C**
- **camouflage** : 1 fois les feuilles **D**
- **blanc antique** : 1 fois les yeux **E**
  1 fois les yeux **F**
- **noir** : 1 fois le nez **G**
  1 fois le nez **H**

Réalisation page suivante →

A dog's
life

RÉALISATION

N.B. BRODER L'ENSEMBLE AVEC 2 BRINS DE FIL À BRODER (SAUF MENTION CONTRAIRE).

BRODERIES ET APPLIQUÉS

- Centrer et épingler les chiens **A** et **B** à 3,2 cm de la base de la pochette.
  Les appliquer au point lancé comme précisé sur le dessin codé.
- Poser les yeux **E** et **F** sur chaque personnage.
  Broder les cils et les iris.
- Appliquer les nez **G** et **H** sur chaque personnage au point lancé.
  Broder les babines, les bouches, les pattes et la queue.
- Continuer par les tiges des fleurs et fixer les feuilles **C** et **D**.
  Broder les fleurs.
- Enfin, broder l'inscription « A dog's life » sur le rabat.

Repasser la broderie à l'aide d'une patte-mouille.

DESSIN CODÉ À TAILLE RÉELLE

Points de broderie

◆ = Broder avec 1 seul brin de fil.

1. Point arrière
2. Point lancé
3. Point de nœud double
4. Point de chaînette
5. Point de tige
6. Point de bouclette

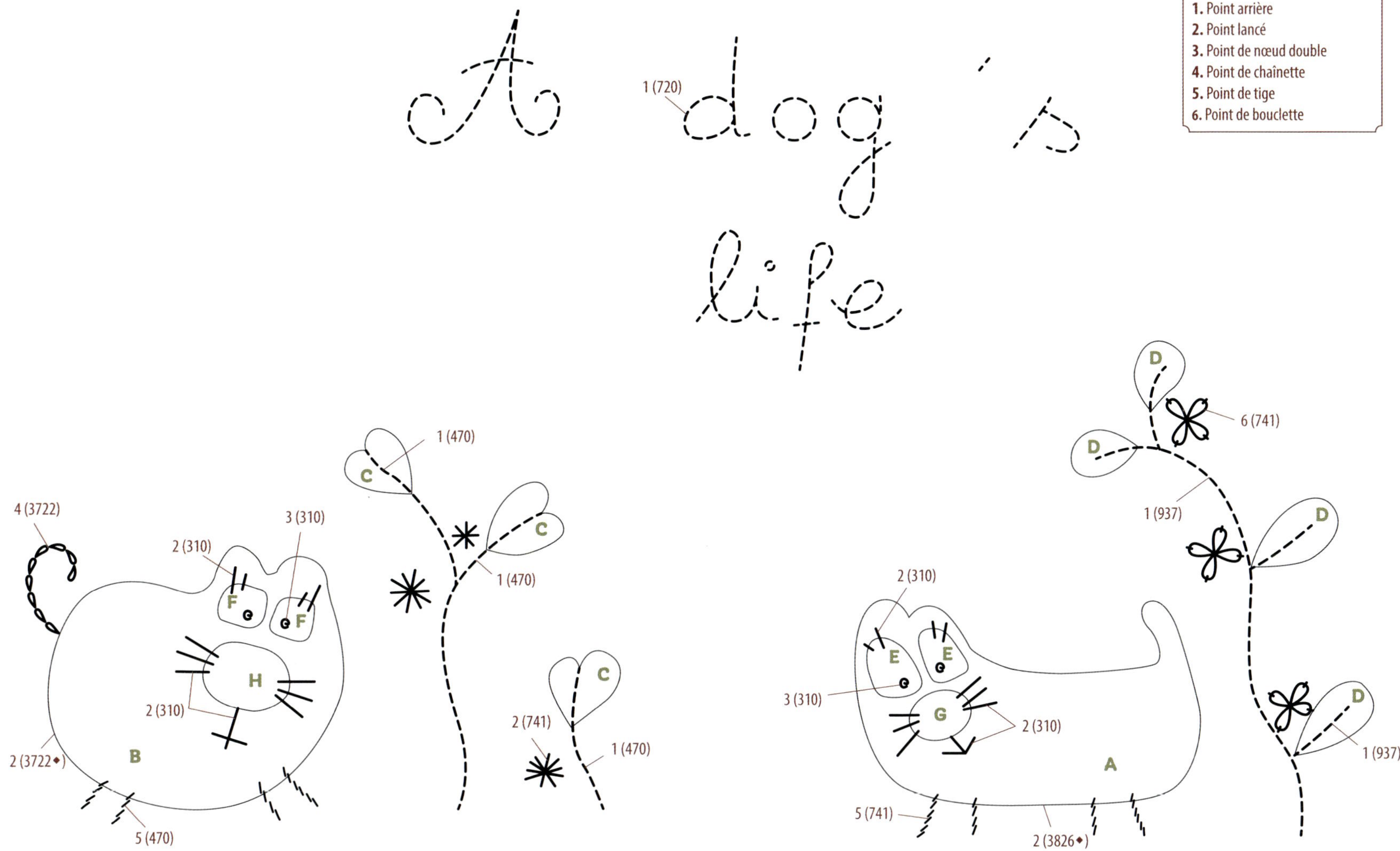

labrador

DIMENSIONS POCHETTE 9 x 17 cm
TECHNIQUE broderie main

POCHETTE À LUNETTES FUCHSIA

FOURNITURES

- Feutrines The Cinnamon Patch de Milpoint : vert tendre (077), beurre frais (001), blush (014), blanc antique (068)
- Coton à broder mouliné de DMC : blanc, 310, 470, 3326
- 1 étui en feutrine fuchsia de 9 x 17 cm Cultura

COUPE

N.B. COUPER LES PIÈCES EN FEUTRINE À BORD BRUT.

COUPER DANS LES FEUTRINES :

- **vert tendre** :
  1 fois le personnage **A**
  1 fois le personnage **B**
- **beurre frais** : 1 fois les mains **C**
  1 fois les pieds **D**
  1 fois le bonnet **E**
- **blush** : 1 fois le ventre **F**
  1 fois le pompon **G**
- **blanc antique** :
  1 fois les yeux **H**
  1 fois les yeux **I**
  1 fois la bulle **J**
  1 cercle **K** de 0,7 cm de diamètre

RÉALISATION

N.B. BRODER L'ENSEMBLE AVEC 2 BRINS DE FIL À BRODER (SAUF MENTION CONTRAIRE).

BRODERIES ET APPLIQUÉS

- Appliquer le personnage **A** à 1,8 cm de la base du rabat avec 1 brin de fil.
  Épingler le personnage **B** à 0,5 cm de la base de l'étui.
- En s'aidant du dessin codé, broder les oreilles et le cou.
- Poser les yeux **H** et **I** sur les personnages. Broder les cils, les iris, les nez et les bouches.
  Continuer par les bras et les jambes en ajoutant les mains **C** et les pieds **D** aux extrémités.
  Broder les paumes des mains et les lacets comme le montre le dessin.
- Appliquer le ventre **F**.
- Appliquer la bulle **J** et le cercle **K**.
- Terminer par l'inscription de la bulle.

Repasser la broderie à l'aide d'une patte-mouille.

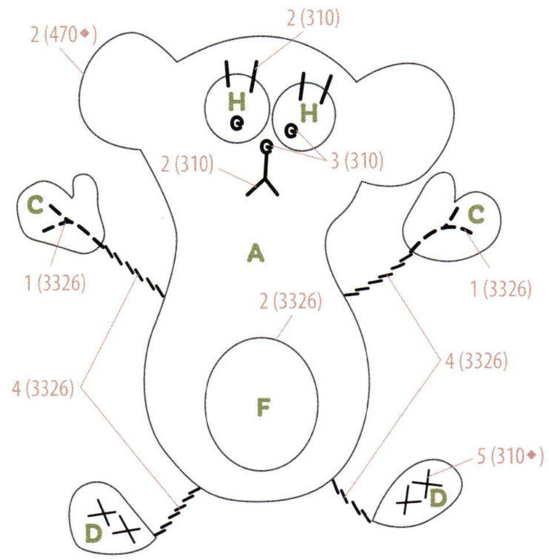

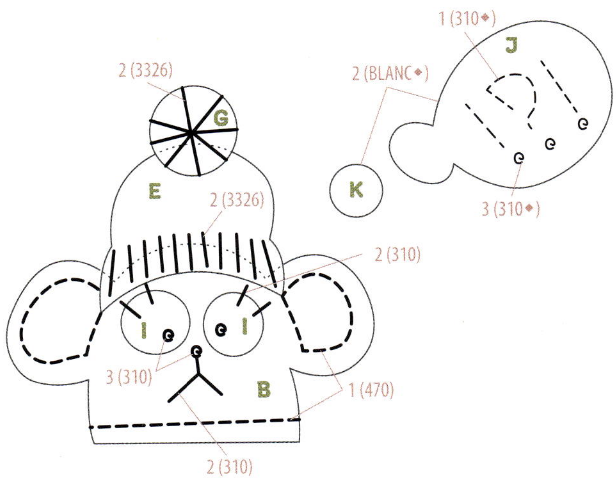

DESSIN CODÉ À TAILLE RÉELLE

Points de broderie

◆ = Broder avec 1 seul brin de fil.

1. Point arrière

2. Point lancé

3. Point de nœud double

4. Point de tige

5. Point de croix

DIMENSIONS POCHETTE 9 x 17 cm
TECHNIQUE broderie main

POCHETTE À STYLOS ANIS

FOURNITURES

- Feutrines The Cinnamon Patch de Milpoint :
  océan (033),
  glacier (089),
  havane (097),
  blanc antique (068)
- Coton à broder mouliné de DMC : 152, 310, 561, 598, 3072, 3347
- 1 étui en feutrine anis de 9 x 17 cm Cultura

COUPE

N.B. COUPER LES PIÈCES EN FEUTRINE À BORD BRUT.

COUPER DANS LES FEUTRINES :

- **océan** : 1 fois le personnage **A**
  1 fois le personnage **B**
- **glacier** : 1 fois les mains **C**
  1 fois le cœur **D**
- **havane** : 1 fois les cercles **E**
- **blanc antique** : 1 fois les yeux **F**
  1 fois les yeux **G**

RÉALISATION

N.B. BRODER L'ENSEMBLE AVEC 2 BRINS DE FIL À BRODER.

BRODERIES ET APPLIQUÉS

- Épingler le personnage **A** à 0,5 cm de la base du rabat.
  Épingler le personnage **B** à 0,5 cm de la base de l'étui.
- Poser les yeux **F** et **G** sur chaque personnage.
  En s'aidant du dessin codé, broder les cils et les iris.
  Continuer par les bouches, les nez et les babines.
- Continuer avec les bras en ajoutant les mains **C** aux extrémités par quelques petits points lancés. Broder les doigts.
- Ajouter les cercles de feutrine **E**.
- Broder les oreilles.
- Positionner le cœur **D** sur le rabat.

Repasser la broderie à l'aide d'une patte-mouille.

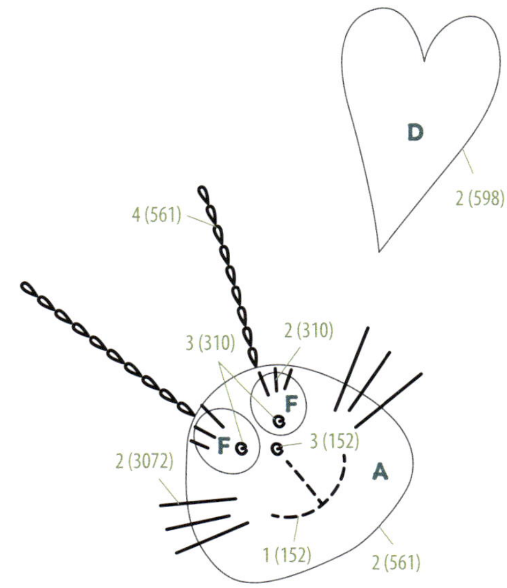

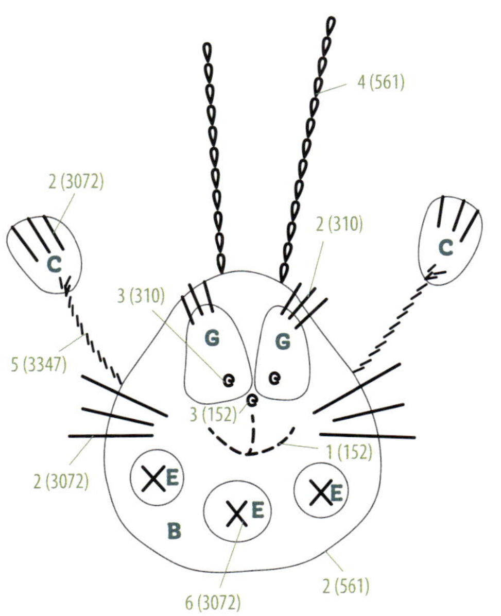

DESSIN CODÉ À TAILLE RÉELLE

Points de broderie
1. Point arrière
2. Point lancé
3. Point de nœud double
4. Point de chaînette
5. Point de tige
6. Point de croix

DIMENSIONS TROUSSE
11 x 22,5 cm
broderie main
TECHNIQUE

TROUSSE ROUGE

FOURNITURES

- Feutrines The Cinnamon Patch de Milpoint :
  galet (045),
  orage (070),
  bronze (080),
  blanc antique (068),
  océan (033)
- Coton à broder mouliné de DMC : 310, 321, 414, 775, 818, 3078, 3752
- 1 trousse en feutrine rouge de 11 x 22,5 cm Cultura

COUPE

N.B. COUPER LES PIÈCES EN FEUTRINE À BORD BRUT.

COUPER DANS LES FEUTRINES :

- **galet** : 1 fois le personnage **A**
- **orage** : 1 fois le personnage **B**
  1 fois les yeux **C**
- **bronze** : 1 fois les pattes **D**
  1 fois le bec E
- **blanc antique** : 1 fois les yeux **F**
  1 fois le bec **G**
- **océan** : 1 fois les pattes **D**

RÉALISATION

N.B. BRODER L'ENSEMBLE AVEC 2 BRINS DE FIL À BRODER.

BRODERIES ET APPLIQUÉS

- En s'aidant du dessin codé, centrer et broder le sol à 2,5 cm de la base de la trousse.
- Épingler le personnage **A** à 6,5 cm du bord gauche et 3 cm de la base de la trousse.
- Épingler le personnage **B** à 12 cm du bord gauche et 3 cm de la base de la trousse.
- Poser les yeux **C** et **F** sur chaque personnage. Broder les iris et les cils.
- Poser les becs **E** et **G** sur chaque personnage et les fixer au point lancé comme précisé sur le dessin.
- Broder les décors des personnages.
- Fixer les pattes **D** au point lancé.
- Terminer par les fleurs.

Repasser la broderie à l'aide d'une patte-mouille.

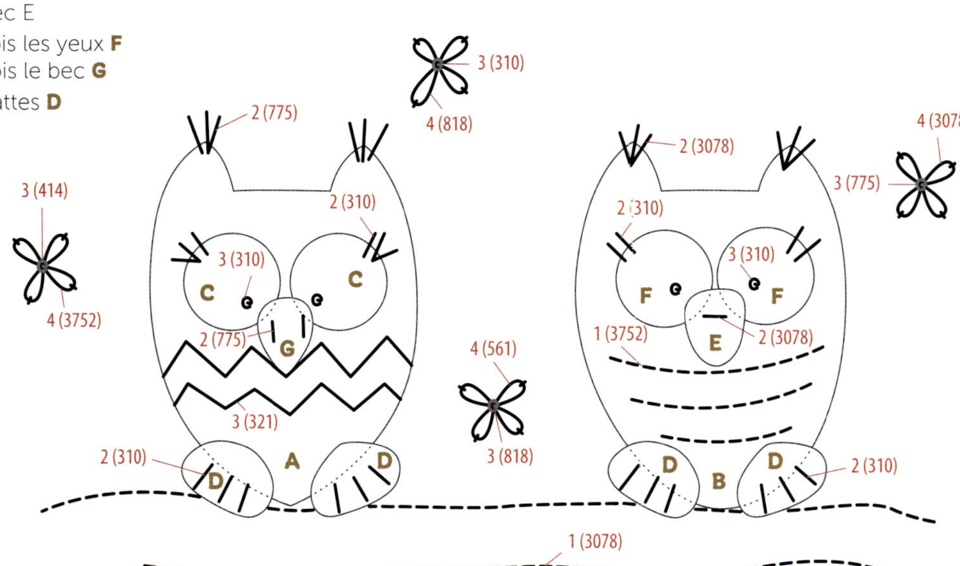

DESSIN CODÉ À TAILLE RÉELLE

Points de broderie
1. Point arrière
2. Point lancé
3. Point de nœud double
4. Point de bouclette

DIMENSIONS TROUSSE
11 x 22 cm
broderie main
TECHNIQUE

TROUSSE TURQUOISE

FOURNITURES

- Feutrines The Cinnamon Patch de Milpoint : glacier (089), havane (097), blanc antique (068)
- Coton à broder mouliné de DMC : 310, 782, 894, 3072
- 1 trousse en feutrine turquoise de 11 x 22 cm

COUPE

N.B. COUPER LES PIÈCES EN FEUTRINE À BORD BRUT.

COUPER DANS LES FEUTRINES :

- **glacier** : 1 fois le personnage **A**
  1 fois le personnage **B**
- **havane** : 1 fois les pattes **C**
  1 fois les pattes **D**
- **blanc antique** : 1 fois les yeux **E**
  1 fois les yeux **F**

RÉALISATION

N.B. BRODER L'ENSEMBLE AVEC 2 BRINS DE FIL À BRODER (SAUF MENTION CONTRAIRE).

BRODERIES ET APPLIQUÉS

- Épingler le personnage **A** à 9,7 cm du bord gauche et 2,5 cm de la base de la trousse.
- Épingler le personnage **B** à 3 cm du bord gauche et 5,5 cm de la base de la trousse.
- En s'aidant du dessin codé, broder les bras et les jambes des personnages en ajoutant les pattes **C** et **D** à chaque extrémité.
- Poser les yeux **E** et **F** sur chaque personnage.
  Broder les iris, les cils, les moustaches et les babines.
- Continuer par les nez, les bouches et le nœud.
- Terminer par les vagues et les gouttelettes d'eau.

Repasser la broderie à l'aide d'une patte-mouille.

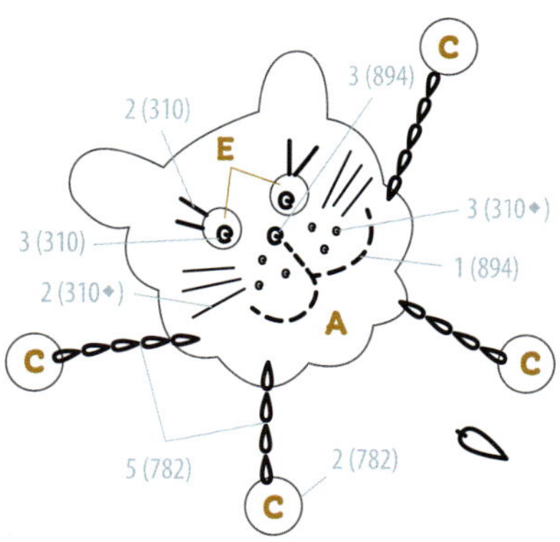

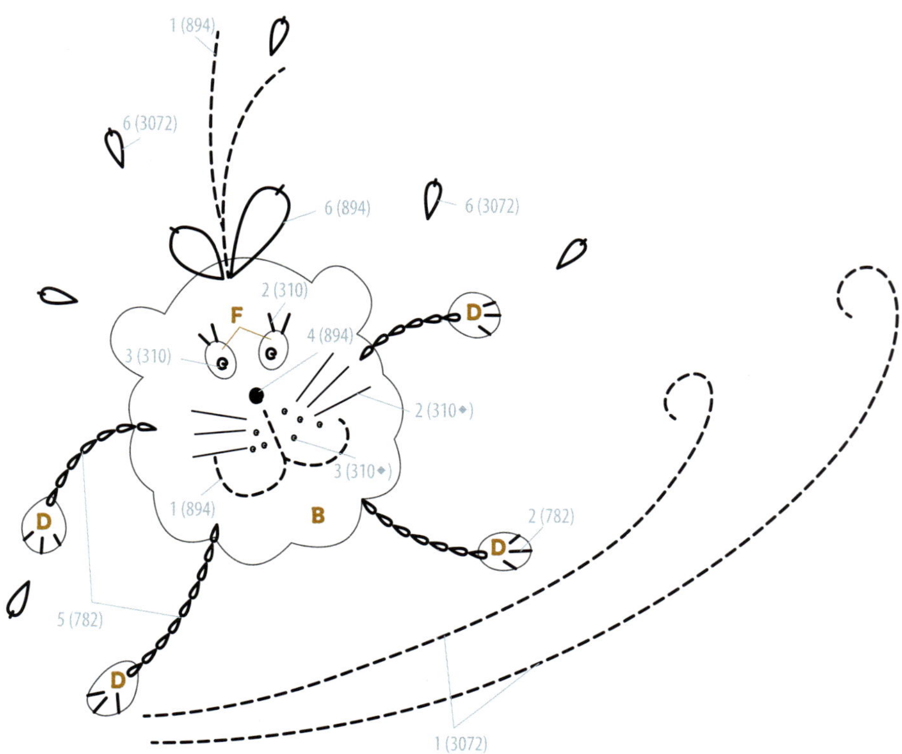

DESSIN CODÉ À TAILLE RÉELLE

Points de broderie

◆ = Broder avec 1 seul brin de fil.

1. Point arrière
2. Point lancé
3. Point de nœud double
4. Point de nœud triple
5. Point de chaînette
6. Point de bouclette

Dimensions sac : 29 x 30 cm

Technique : Couture et broderie main

SAC "MINI-TOYS"

FOURNITURES

- Toile de lin de Zweigart : Belfast (réf. 3609) coloris 52
- Feutrines The Cinnamon Patch de Milpoint :
  cassis (019),
  beige (058),
  vieux rose (018),
  blanc antique (068),
  rose anglais (017),
  saumon (082)
- Coton à broder mouliné de DMC : 310, 353, 433, 838, 840, 3733, 3803
- 35 x 100 cm de tissu de coton imprimé
- 2 anses en bambou teinté noir (13 x 17 cm) Rico design
- Ouate au mètre

COUPE

N.B. COUPER LES PIÈCES EN TISSU ET EN LIN EN AJOUTANT 1 CM DE MARGE DE COUTURE ; LES PIÈCES EN FEUTRINE ET LA OUATE À BORD BRUT.

COUPER DANS LES FEUTRINES :

- **cassis** : 1 fois le personnage **A** (tête + corps)
  1 fois les mains **B**
  1 fois les pieds **C**
  1 fois le nez **D**
- **beige** : 1 fois le personnage **E** (tête + corps)
- **vieux rose** : 1 fois le personnage **F** (tête + corps)
  1 fois les mains **G**
  1 fois les pieds **H**
- **blanc antique** : 1 fois les yeux **I**
  1 fois les yeux **J**
  1 fois les yeux **K**
- **rose anglais** : 1 fois le nez **L**
- **saumon** : 1 fois les mains **M**
  1 fois les pieds **N**
  1 fois le nœud papillon **O**
  1 fois le nez **P**

DANS LA OUATE, COUPER : 2 rectangles *1* de 29 x 30 cm

DANS LE LIN, COUPER : 2 rectangles *2* de 29 x 30 cm

DANS LE TISSU IMPRIMÉ, COUPER :
2 rectangles *3* de 7 x 30 cm (décor haut du sac)
2 rectangles *4* de 29 x 30 cm (doublure)
1 bande *5* de 5 x 30 cm (sangles)

Réalisation page suivante →

RÉALISATION

N.B. BRODER L'ENSEMBLE AVEC 2 BRINS DE FIL À BRODER.

Centrer et bâtir un rectangle de 29 x 30 cm (largeur x hauteur) sur le rectangle de lin.

BRODERIES ET APPLIQUÉS

- Centrer et épingler les personnages **A**, **E** et **F** (tête + corps) sur la toile à 4,5 cm de la base du bâti.
- Placer les yeux **I**, **J** et **K** sur chaque personnage. En s'aidant du dessin codé, broder les iris et les cils.
- Appliquer les nez **D**, **L** et **P** sur les visages à petits points discrets.
- Broder les bras et les jambes en ajoutant les mains **B**, **G** et **M** ainsi que les pieds **C**, **H** et **N** aux extrémités.
- Broder les visages, les ventres et le nœud papillon, puis terminer par le sol.

montage page suivante →

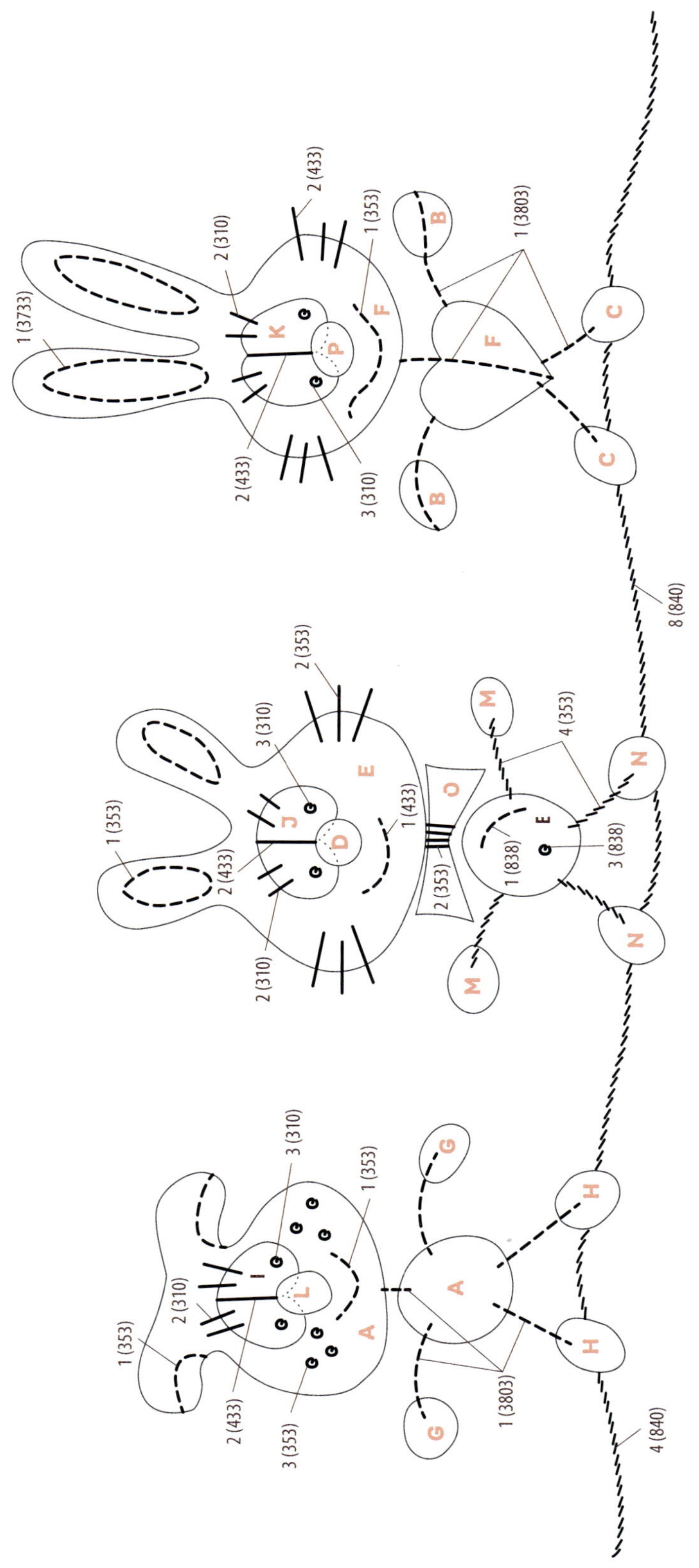

DESSIN CODÉ À TAILLE RÉELLE

Points de broderie

1. Point arrière
2. Point lancé
3. Point de nœud double
4. Point de tige

MONTAGE

1. Repasser la broderie avec une patte-mouille. Superposer la broderie sur le rectangle de ouate, envers contre envers, et épingler.

2. Positionner le rectangle *3*, endroit contre endroit, à 7 cm du bord supérieur du devant du sac. Piquer selon le tracé et replier le tissu sur l'endroit.

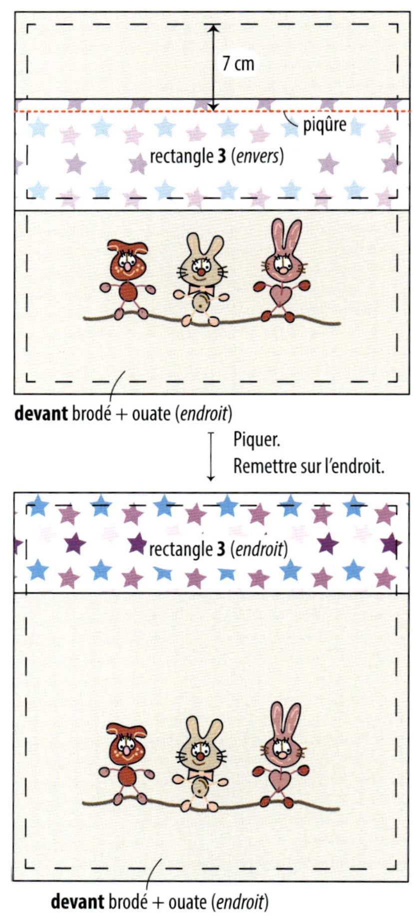

3. De la même manière, assembler le dos du sac. Superposer le devant et le dos du sac, endroit contre endroit, et piquer les bords en laissant le haut ouvert. Couper les angles en biais et retourner le sac sur l'endroit.

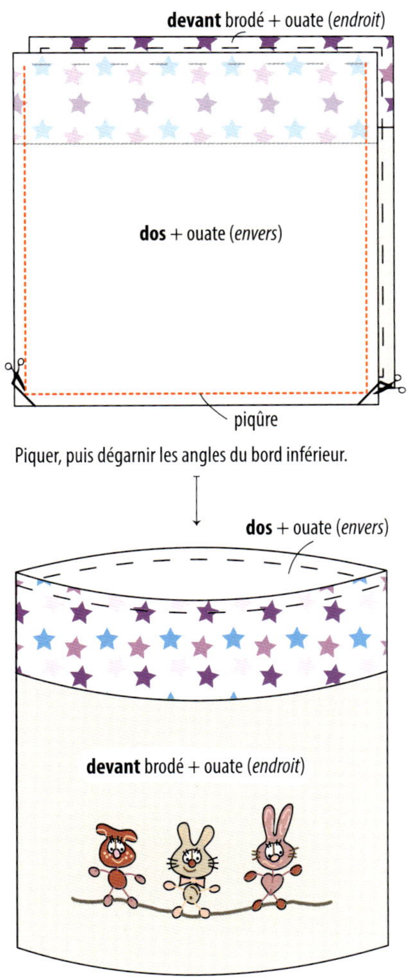

Piquer, puis dégarnir les angles du bord inférieur.

4. De la même manière, assembler la doublure intérieure en superposant les 2 rectangles *4*, envers contre envers. Surpiquer les bords en laissant le haut ouvert.

Glisser la doublure dans le sac et faire coïncider.

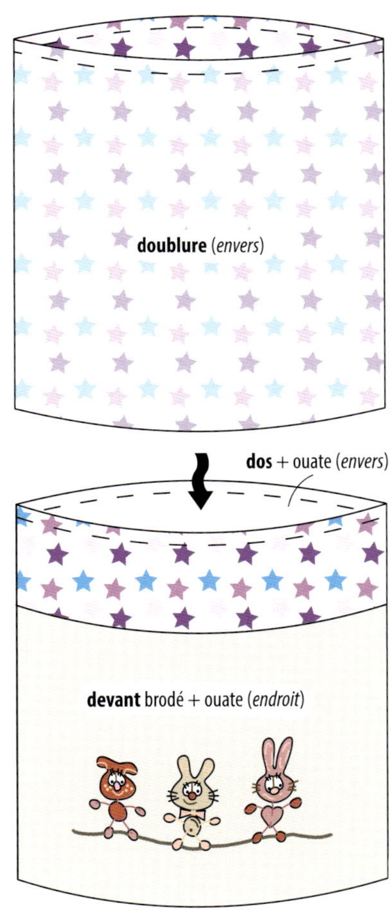

Glisser la doublure dans le sac, envers contre envers.

LES COUTURES LATÉRALES :

5. Monter les sangles en pliant la bande *5* en 2, envers contre envers, et marquer au fer.

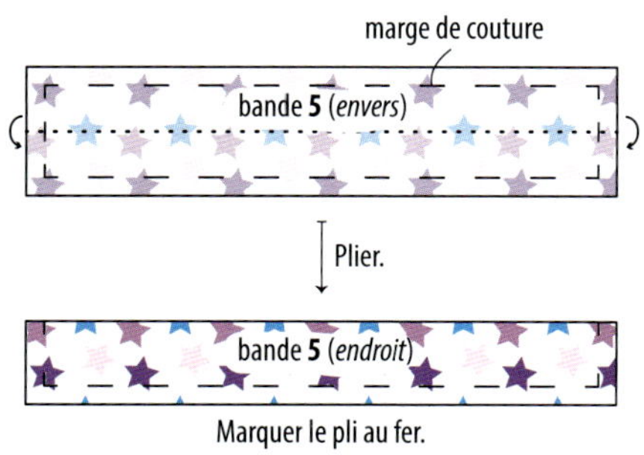

6. Ouvrir la bande et replier chaque surplus sur lui-même vers l'intérieur.

7. Marquer au fer et plier de la manière suivante :

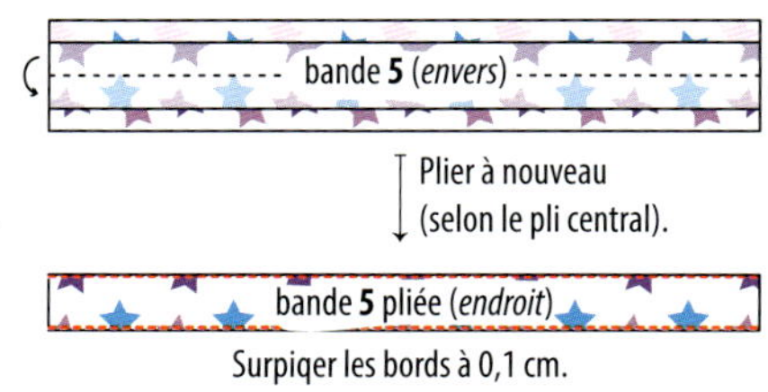

8. Surpiquer les anses à 0,1 cm des bords.
Couper cette bande en 4 morceaux de 7,5 cm.
Les plier en 2 pour former les sangles.
Les glisser dans les anneaux métalliques aux extrémités des anses.

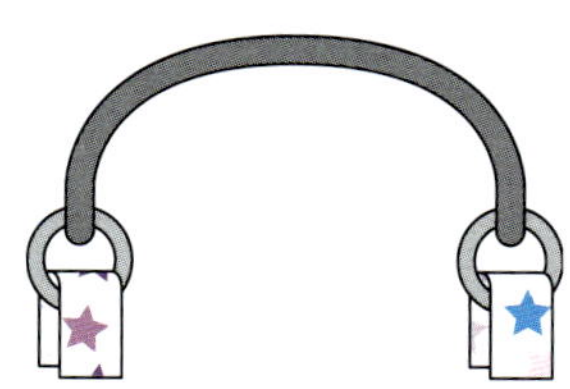

9. Replier les surplus du bord haut du sac vers l'intérieur et épingler.
Glisser les sangles entre les épaisseurs des tissus et les positionner à 5 cm des bords latéraux.
Surpiquer le bord du sac à 0,2 cm.

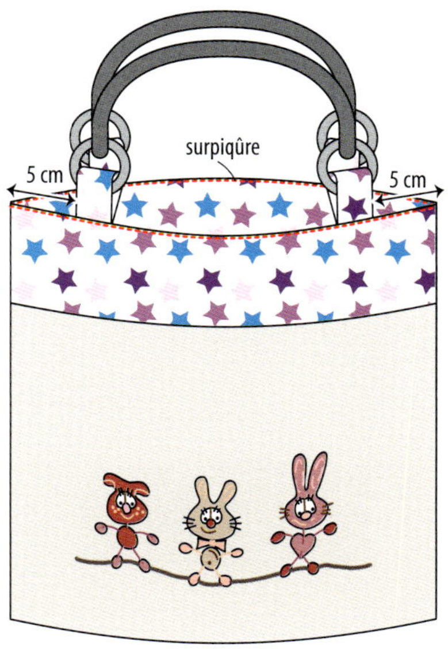

DIMENSIONS PANIER 22 x 31,5 cm
TECHNIQUE broderie main

PANIER "CHATS"

FOURNITURES

- Toile à broder de Zweigart : Belfast (réf. Vintage 3609) coloris 3009
- Feutrines The Cinnamon Patch de Milpoint : blanc antique (068), rose poudre (012), saumon (082), rose anglais (017), vert tendre (077), vert kaki (092), camouflage (053), grès (059)
- Coton à broder mouliné de DMC : 310, 841, 224, 469, 3832, 935, blanc
- 1 panier métallique avec couvercle de 22 x 31,5 cm Action
- Ouate au mètre
- Agrafeuse

COUPE

N.B. COUPER LES PIÈCES EN LIN EN AJOUTANT 3 CM DE MARGE DE COUTURE ET LES PIÈCES EN FEUTRINE À BORD BRUT.

COUPER DANS LES FEUTRINES :

- **blanc antique** : 1 fois le chat **B**
  1 fois les babines **C**
- **rose poudre** : 1 fois le chat **A**
- **saumon** : 1 fois les pattes **D**
  1 fois le nez **E**
- **rose anglais** : 1 fois le nœud **F**
- **vert tendre** : 1 fois le parapluie **G**
- **kaki** : 1 fois le cœur **H**
- **camouflage** : 1 fois les feuilles **I**
- **grès** : 1 fois les babines **J**

DANS LA TOILE DE LIN, COUPER : 1 rectangle de 22 x 31,5 cm

DANS LA OUATE, COUPER : 1 rectangle de 22 x 31,5 cm

Réalisation et montage page suivante →

RÉALISATION

N.B. BRODER L'ENSEMBLE AVEC 2 BRINS DE FIL À BRODER (SAUF MENTION CONTRAIRE).

Centrer et bâtir un rectangle de 22 x 31,5 cm sur la toile de lin (= dimensions hors marge de couture).

BRODERIES ET APPLIQUÉS

- Épingler le chat **A** à 7 cm de la base et 5,7 cm du bord gauche ; le chat **B** à 7 cm de la base et 6,5 cm du bord droit du bâti.

Chat A :

- Poser les babines **C** sur le visage et, en s'aidant du dessin codé, broder les babines, la bouche, le nez, les yeux, les oreilles, le nœud, la cuisse, la queue et les griffes.

Chat B :

- Poser les babines **J** sur le visage et les broder.
- Appliquer le nez **E**. Broder la bouche, les yeux, les oreilles et le nombril.
- Appliquer les pattes **D** au point lancé.
- Enfin terminer par les flaques d'eau, la pluie, les gouttes et les autres décors.

MONTAGE

1. Repasser la broderie à l'aide d'une patte-mouille.
2. Superposer la broderie sur le rectangle de ouate.
   Positionner le tout sur le couvercle en bois.
   Replier les surplus sur l'envers et agrafer sous le support.

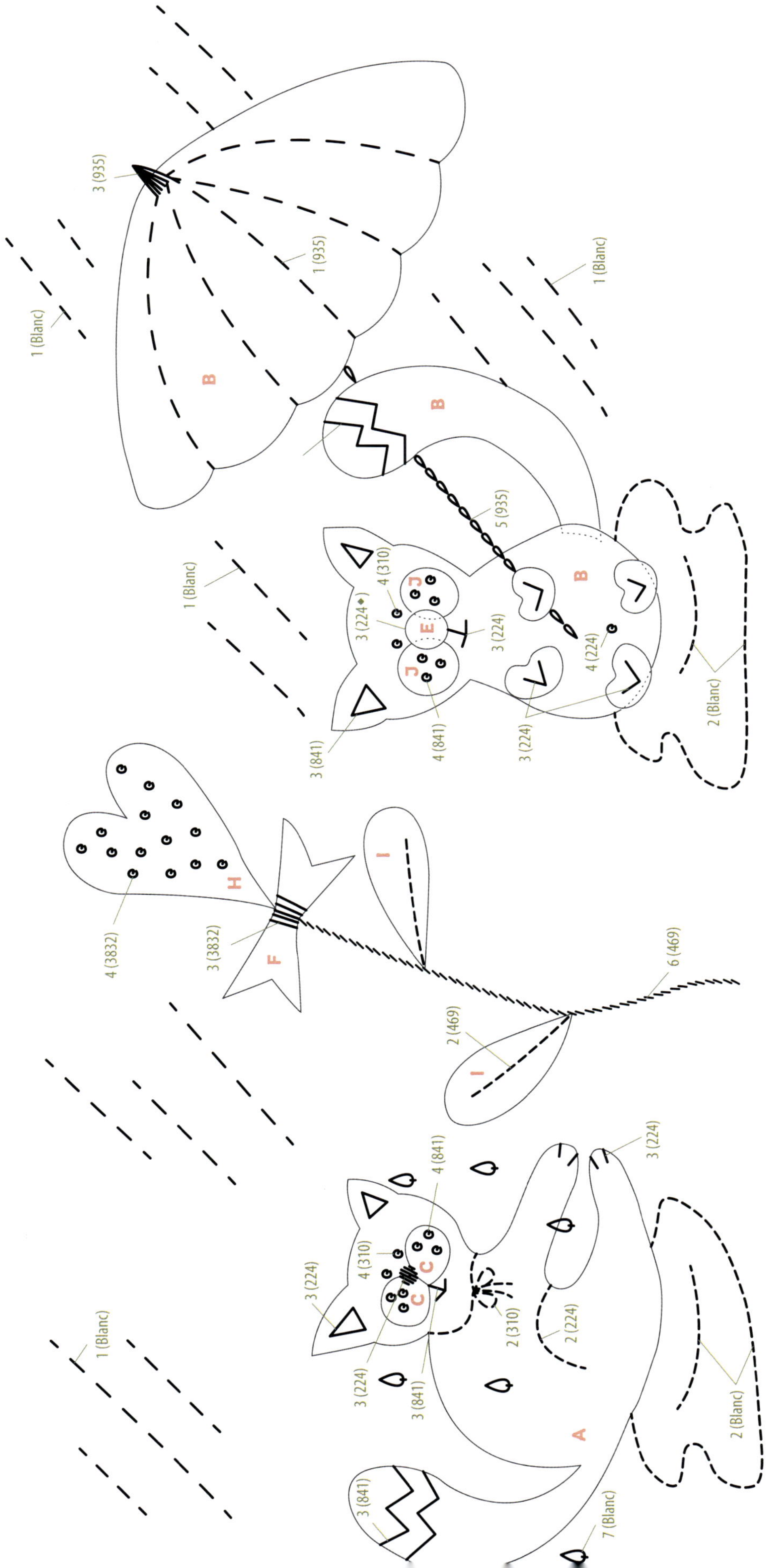

DESSIN CODÉ À TAILLE RÉELLE

Points de broderie

◆ = Broder avec 1 seul brin de fil.

1. Point avant
2. Point arrière
3. Point lancé
4. Point de nœud double
5. Point de chaînette
6. Point de tige
7. Point de bouclette

DIMENSIONS COUSSIN
12 x 12 cm
broderie main
TECHNIQUE

MINI-COUSSINS TOYS

FOURNITURES

- Toile de lin de Zweigart : Belfast (réf. 3609) coloris 2055
- Feutrines The Cinnamon Patch de Milpoint :
  paille chinée (043),
  lichen (054),
  courge (085),
  vert tendre (077),
  réglisse (060),
  beurre frais (001),
  rouge (021),
  havane (097),
  crème (056),
  marbre (069),
  blanc antique (068)
- Coton à broder mouliné de DMC : 310, 321, 742, 987, 988, 3072, 3078
- Ouate de rembourrage

COUPE

N.B. COUPER LES PIÈCES EN LIN EN AJOUTANT 1 CM DE MARGE DE COUTURE ET LES PIÈCES EN FEUTRINE À BORD BRUT.

COUPER DANS LES FEUTRINES :

- **paille chinée** : 1 carré **A** de 12 x 12 cm
- **lichen** : 1 carré **A** de 12 x 12 cm
  1 fois les pieds **P**
- **courge** : 1 carré **A** de 12 x 12 cm
  1 fois le personnage **B**
  1 fois le nez **E**
  1 fois la pièce **F**
- **vert tendre** : 1 fois le personnage **C**
  1 fois les pieds **G**
  1 fois le nez **H**
- **réglisse** : 1 carré **A** de 12 x 12 cm
  1 fois les yeux **I**
  1 fois le cœur **J**
- **beurre frais** : 1 carré **A** de 12 x 12 cm
  1 fois les yeux **K**
- **rouge** : 1 fois le cœur **L**
- **havane** : 1 fois le personnage **D**
  1 fois les pattes **M**
- **crème** : 1 carré **A** de 12 x 12 cm
- **marbre** : 1 fois le nez **N**
- **blanc antique** : 1 fois les yeux **O**

DANS LE LIN, COUPER : 3 carrés de 10 cm

Réalisation et montage page suivante →

RÉALISATION

N.B. BRODER L'ENSEMBLE AVEC 2 BRINS DE FIL À BRODER (SAUF MENTION CONTRAIRE).

BRODERIES ET APPLIQUÉS

Pour chaque personnage, centrer et épingler le corps (**B**, **C** ou **D**) sur un carré de lin.

Mini-toy vert, corps C :

- Placer les yeux **O**. Broder les iris les cils et la bouche.
- Appliquer le nez **E** au point lancé.
- Broder les bras et les jambes en ajoutant les pieds **P** par quelques petits points lancés et broder les orteils.
- Broder les cheveux.
- Terminer en appliquant le cœur **J** au point lancé.

Mini-toy courge, corps B :

- En s'aidant du dessin codé, placer les yeux **I** sur le dessus. Broder les yeux, les cils et les taches de rousseur.
- Appliquer le nez **H** au point lancé.
- Broder la bouche, les sourcils, les cheveux, les bras et les jambes comme indiqué sur le dessin.
- Ajouter les pieds **G** par quelques petits points discrets et broder les lacets.
- Terminer en appliquant le cœur **L** au point arrière.

Mini-toy havane, corps D :

- En s'aidant du dessin codé, placer les yeux **K** sur le dessus. Broder les iris, les cils et la bouche.
- Appliquer le nez **N** au point lancé.
- Broder les pattes comme indiqué sur le dessin. Ajouter les pieds **M** aux extrémités.
- Appliquer la pièce **F** au point lancé.

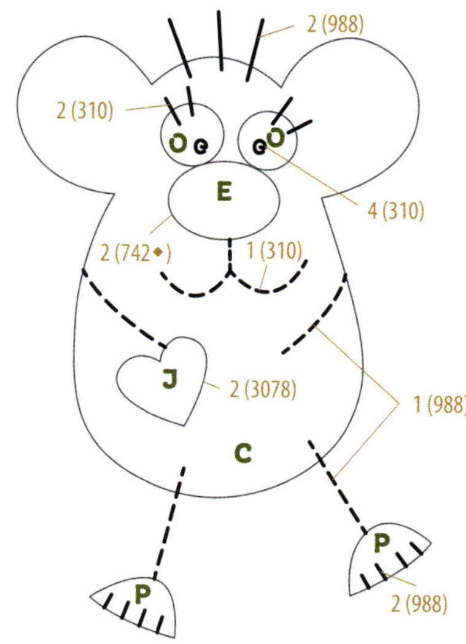

MONTAGE

1. Recouper les toiles de lin pour obtenir des carrés de 9,5 x 9,5 cm.
2. Franger les bords en retirant 7 fils de trame. Les centrer sur les pièces **A** en feutrine (vert mousse pour le personnage **B**, paille chinée pour le personnage **C**, réglisse pour le personnage **D**) et broder les bords de la toile de lin sur la feutrine ainsi :

BRODERIES DES BORDURES

Mini-toy vert :
réaliser des points lancés (hauteur : 3 fils de trame) espacés de 4 fils de trame.

Mini-toy courge :
alterner des points lancés de 2 et 4 fils de trame de hauteur et espacés de 2 fils de trame.

Mini-toy havane :
réaliser des points de croix sur 2 fils de trame espacés de 4 fils de trame.

FINITIONS

1. Superposer 1 carré **A** brodé sur 1 carré **A** en feutrine
   - réglisse/crème
   - paille chinée/courge
   - vert mousse/beurre frais.

   Assembler le contour au point de feston avec 2 brins de fil.
2. Rembourrer de ouate avant de fermer.

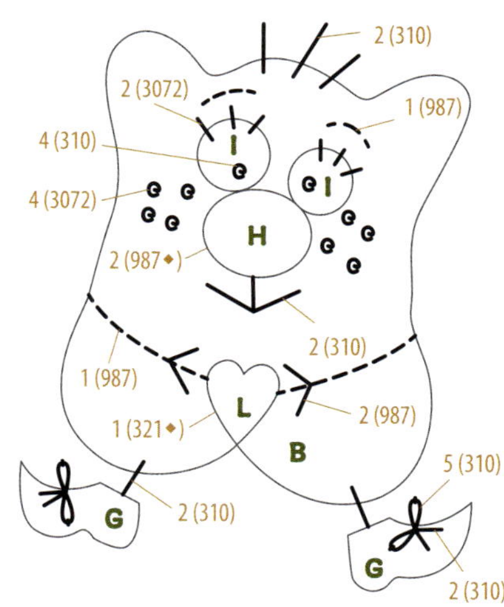

DESSIN CODÉ À TAILLE RÉELLE

Points de broderie
◆ = Broder avec 1 seul brin de fil.
1. Point arrière
2. Point lancé
3. Point de tige
4. Point de nœud double
5. Point de bouclette

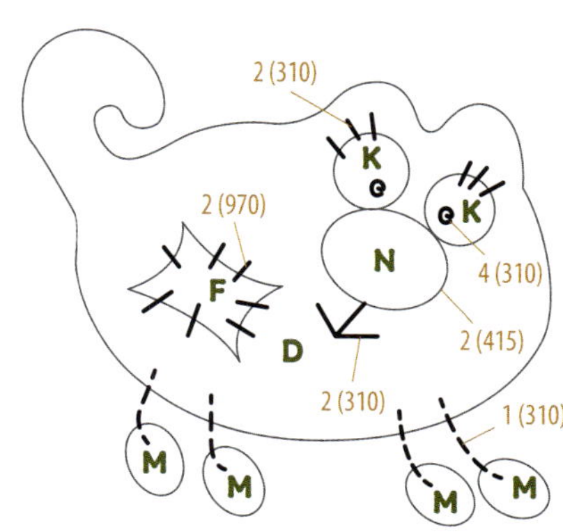

DIMENSIONS SUSPENSION
27 cm
TECHNIQUE
broderie main

SUSPENSION "CŒUR"

FOURNITURES

- Feutrines The Cinnamon Patch de Milpoint :
  rose poudre (012),
  moutarde au miel (003),
  framboise (099),
  blanc antique (068),
  grès (059)
- Coton à broder mouliné de DMC : 310, 433, 733, 894
- 1 cœur évidé en bois à suspendre de 27 cm de haut
- 40 cm de ficelle naturelle
- Ouate
- Agrafeuse

COUPE

N.B. LES PIÈCES EN FEUTRINE SONT COUPÉES À BORD BRUT.

COUPER DANS LES FEUTRINES :

- **rose poudre** :
  1 fois le cœur **A**
  1 fois les ailes **B**
  1 fois les ailes **C**
  1 cercle **H** de 1 cm
  (cœur de la fleur)
- **moutarde au miel** :
  1 fois le corps du personnage **D**
  1 fois le corps du personnage **E**
- **framboise** :
  1 rectangle **F** de 1,5 x 5 cm
  (pétales)
- **blanc antique** : 1 fois les yeux **G**
- **grès** : 1 fois le cœur **A**

RÉALISATION

N.B. BRODER L'ENSEMBLE AVEC 2 BRINS DE FIL À BRODER (SAUF MENTION CONTRAIRE).

Décalquer le fond **A** (double cœur) sur une feuille calque.
Reporter ce gabarit sur la feutrine vieux rose et couper.

COMMENCER PAR PRÉPARER LA FLEUR AINSI :

- Cranter la pièce **F** pour former les pétales.
- Passer un fil de fronce sur le haut de la pièce et fermer en cercle.

DESSIN CODÉ À TAILLE RÉELLE

Fleur F

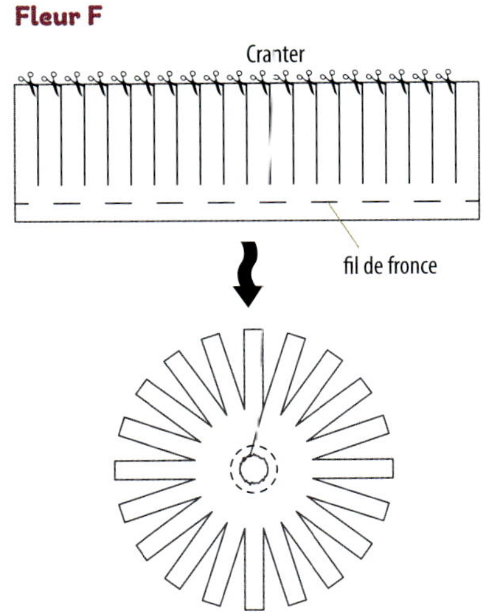

Suite réalisation et montage page suivante →

RÉALISATION *(SUITE)*

BRODERIES ET APPLIQUÉS

- Épingler le corps du personnage **D** sur le cœur **A** en feutrine grès. Placer les ailes **B** sous la pièce **D**.
  Appliquer la pièce **D** au point lancé.
  Poser les yeux **G** sur le visage. Broder les iris, les cils, le nez, la bouche et les pattes comme indiqué sur le dessin.
- Continuer avec le tracé du vol.
- Coudre la fleur **F** sur la pièce **A**.
- Appliquer le cercle **H**, au centre de la fleur, au point lancé.
- Appliquer le personnage **E**, comme expliqué précédemment et broder les yeux et les rayures.

MONTAGE

1. Repasser la broderie avec une patte-mouille.
2. Superposer les 2 pièces **A**, envers contre envers, et broder le bord au point de feston avec 2 brins de fil rose. Rembourrer de ouate avant de fermer.
3. Plier la ficelle en 2 et nouer les extrémités ensemble. Agrafer une des extrémités au dos du support. Fixer l'autre extrémité sur l'arrière du cœur brodé par quelques points de couture.

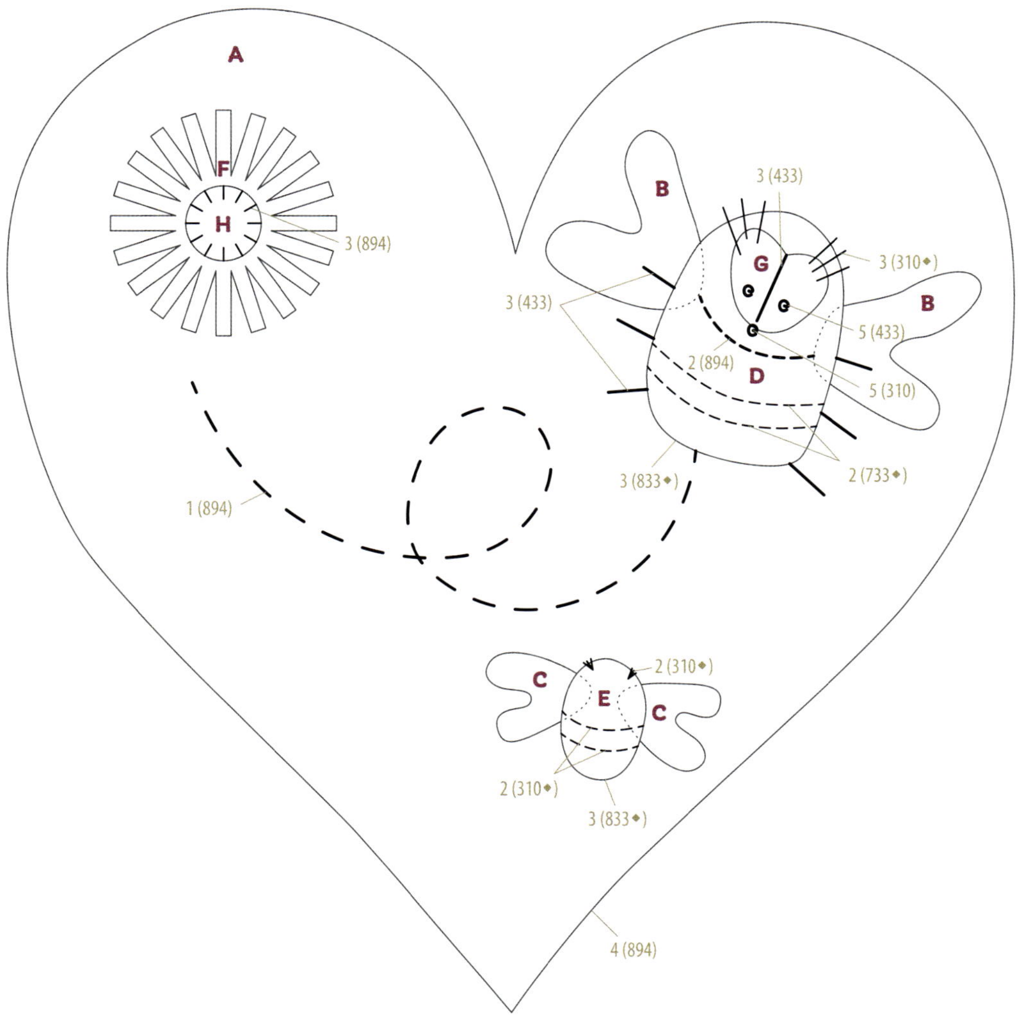

DESSIN CODÉ À TAILLE RÉELLE

Points de broderie

◆ = Broder avec 1 seul brin de fil.

1. Point avant
2. Point arrière
3. Point lancé
4. Point de feston
5. Point de nœud double

DIMENSIONS SUSPENSION
12,5 cm
broderie main
TECHNIQUE

SUSPENSIONS "3 CŒURS"

FOURNITURES

- Toile de lin de Zweigart : Belfast (réf. 3609) coloris 770
- Feutrines The Cinnamon Patch de Milpoint :
  rose anglais (017),
  moutarde anglaise (004),
  framboise (099),
  blanc antique (068),
  fumée (049),
  grès (059),
  vert gazon (041)
- Coton à broder mouliné de DMC : écru, 167, 310, 317, 734, 957, 3346, 3802
- 3 cœurs à suspendre en bois de 12,5 x 12,5 cm coloris blanc
- Ouate au mètre
- Pistolet à colle

COUPE

N.B. COUPER LES PIÈCES EN LIN EN AJOUTANT 1 CM DE MARGE ; LES PIÈCES EN FEUTRINE ET LA OUATE À BORD BRUT.

COUPER DANS LES FEUTRINES :

- **rose anglais** : 1 fois le corps du personnage **A**
  1 fois les pattes **H**
  1 fois le nez **F**
- **moutarde anglaise** : 1 fois les pattes **D**
  1 fois le chapeau **M**
- **framboise** : 1 fois le corps du personnage **I**
- **blanc antique** : 1 fois les yeux **C**
  1 fois les yeux **G**
  1 fois les yeux **K**
- **fumée** : 1 fois le nez **J**
- **grès** : 1 fois le nez **B**
- **vert gazon** : 1 fois le corps du personnage **E**
  1 fois les pattes **L**

DANS LA OUATE, COUPER :

3 fois le cœur (gabarit de l'ouverture du cadre)

DANS LE LIN, COUPER :

3 fois le cœur (gabarit de l'ouverture du cadre)

Réalisation et montage page suivante →

RÉALISATION

N.B. BRODER L'ENSEMBLE AVEC 2 BRINS DE FIL À BRODER (SAUF MENTION CONTRAIRE).

BRODERIES ET APPLIQUÉS

Cœur 1 :

- Centrer et épingler le corps du personnage **A** sur la toile à broder. En s'aidant du dessin codé, placer les yeux **C** sur le dessus. Broder les iris, la bouche et les cils.
- Appliquer le nez **B** au point lancé.
- Broder les pattes en ajoutant les pièces **D** aux extrémités.
- Broder les fleurs et le sol comme indiqué sur le dessin.

Cœur 2 :

- Centrer et épingler le corps du personnage **E** sur la toile à broder. En s'aidant du dessin codé, placer les yeux **G** sur le dessus. Broder les iris, la bouche et les cils.
- Appliquer le nez **F** au point lancé.
- Broder les pattes en ajoutant les pièces **H** aux extrémités.
- Broder la fleur, les cheveux et le gazon comme indiqué sur le dessin.

Cœur 3 :

- Centrer et épingler le corps du personnage **I** sur la toile à broder. En s'aidant du dessin codé, placer les yeux **K** sur le dessus. Broder les iris, la bouche et les cils.
- Appliquer le nez **J** au point lancé.
- Appliquer le chapeau **M** au point arrière comme indiqué sur le dessin.
- Broder les pattes en ajoutant les pièces **L** aux extrémités.
- Broder la fleur et le sol comme indiqué sur le dessin.

MONTAGE

1. Superposer la broderie sur le cœur en ouate.
2. Ajouter quelques points de colle sur le pourtour. Insérer la broderie dans le cadre.

Cœur 1

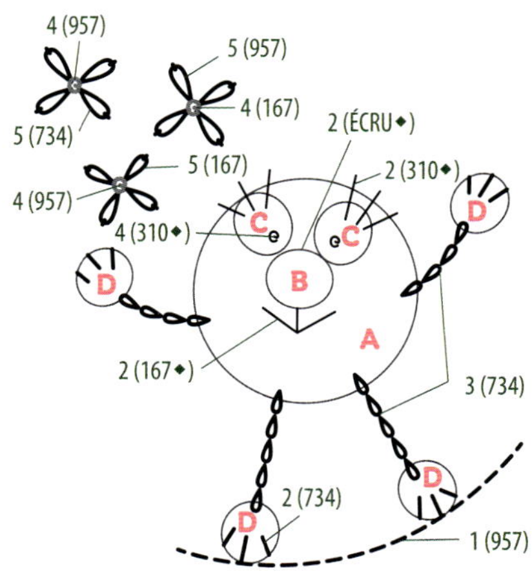

Cœur 2

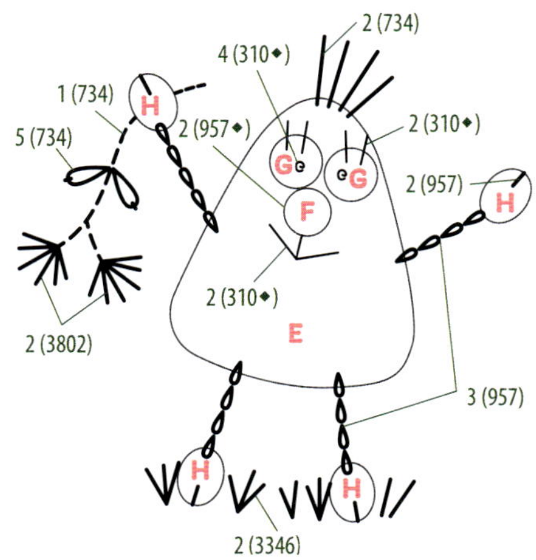

Cœur 3

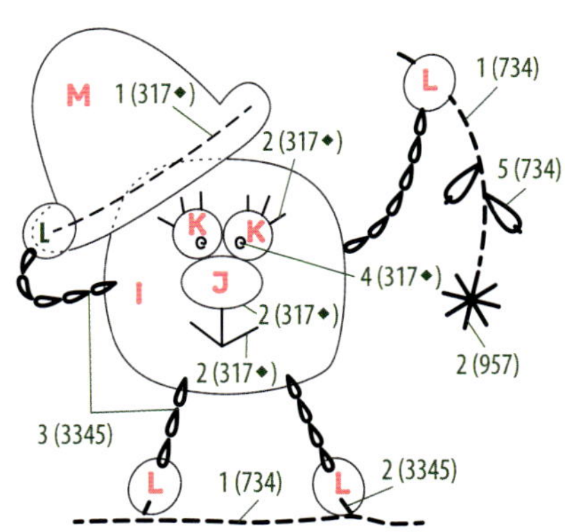

DESSIN CODÉ À TAILLE RÉELLE

Points de broderie

◆ = Broder avec 1 seul brin de fil.

1. Point arrière
2. Point lancé
3. Point de chaînette
4. Point de nœud double
5. Point de bouclette

DIMENSIONS HORS CADRE - 12 x 17 cm - TECHNIQUE - broderie main

TABLEAU
LÉZARDS AMOUREUX

FOURNITURES

- Toile à broder de Rico Design : écru en 30 cm de large
- Feutrines The Cinnamon Patch de Milpoint : havane (097), blanc antique (068), vert mousse (040), rouge (021), crème (056)
- Coton à broder mouliné de DMC : blanc, 321, 3021, 3346
- 1 cadre de 16 x 21 cm (avec ouverture de 12 x 17 cm)
- Ouate au mètre

COUPE

N.B. COUPER LES PIÈCES EN LIN EN AJOUTANT 4 CM DE MARGE DE COUTURE ET LES PIÈCES EN FEUTRINE À BORD BRUT.

COUPER DANS LES FEUTRINES :

- **havane** : 1 fois le lézard **A**
- **blanc antique** : 1 fois l'œil **B**
  1 fois l'œil **C**
- **vert mousse** : les pétales **D**
- **rouge** : 1 fois le cœur **E**
- **crème** : 1 fois le lézard **F**

DANS LA OUATE, COUPER : 1 rectangle de 12 x 17 cm

DANS LA TOILE À BRODER, COUPER : 1 rectangle **G** de 12 x 17 cm

Réalisation et montage page suivante →

FIL DE LIN
FABRICATION FRANÇAISE

RÉALISATION

N.B. BRODER L'ENSEMBLE AVEC 2 BRINS DE FIL À BRODER (SAUF MENTION CONTRAIRE).

Centrer et bâtir un rectangle de 12 x 17 cm sur le rectangle **G** (= dimensions hors marge de couture).

BRODERIES ET APPLIQUÉS

- Broder l'herbe, les tiges et les fleurs comme indiqué sur la grille, en les plaçant à 2,8 cm de la base du bâti.
- En s'aidant du dessin codé, épingler les lézards **A** et **F** aux extrémités de la broderie.
  Placer les yeux **B** et **C** sur le dessus et broder les iris, les cils et les bouches comme indiqué sur le dessin.
- Appliquer les feuilles **D** au point arrière.
- Appliquer le cœur **E** au point lancé et broder le point de croix et les points de nœud comme le montre le dessin codé.

MONTAGE

1. Repasser la broderie avec une patte-mouille.
   Retirer le fil de bâti.
2. Superposer la broderie sur le rectangle de ouate.
   Positionner le tout sur la vitre du tableau.
   Replier les surplus sur l'envers et les tendre à la manière d'un tapissier comme expliqué dans le cahier technique.
   Insérer la broderie sur le cadre.

DESSIN CODÉ À TAILLE RÉELLE

Points de broderie

⊙ = Sol, tige et fleurs, voir grille correspondante.
◆ = Broder avec 1 seul brin de fil.

1. Point arrière
2. Point lancé
3. Point de nœud double
4. Point de croix

Grille herbe et fleurs :
Pour faciliter la lecture de la grille, les coloris ne correspondent pas à la réalité.

- Point lancé (3346)
- Point arrière (3346)
- Point lancé (321)

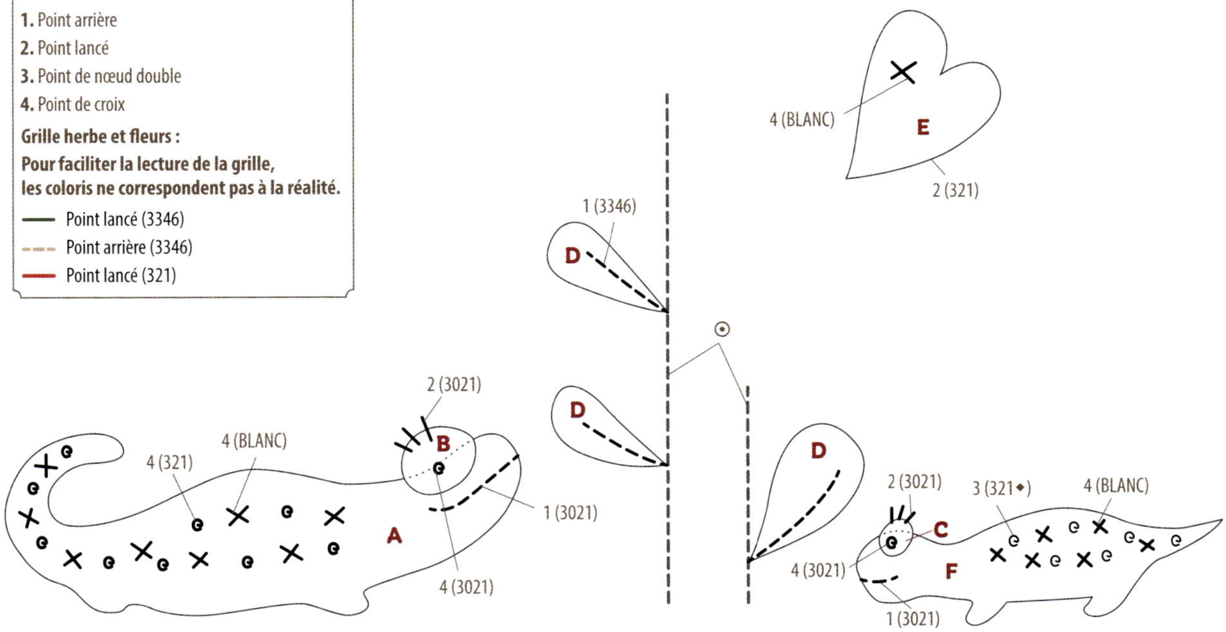

Grille herbe et fleurs :

Attention, 1 ligne du diagramme représente 1 fil de trame et 1 fil de chaîne.

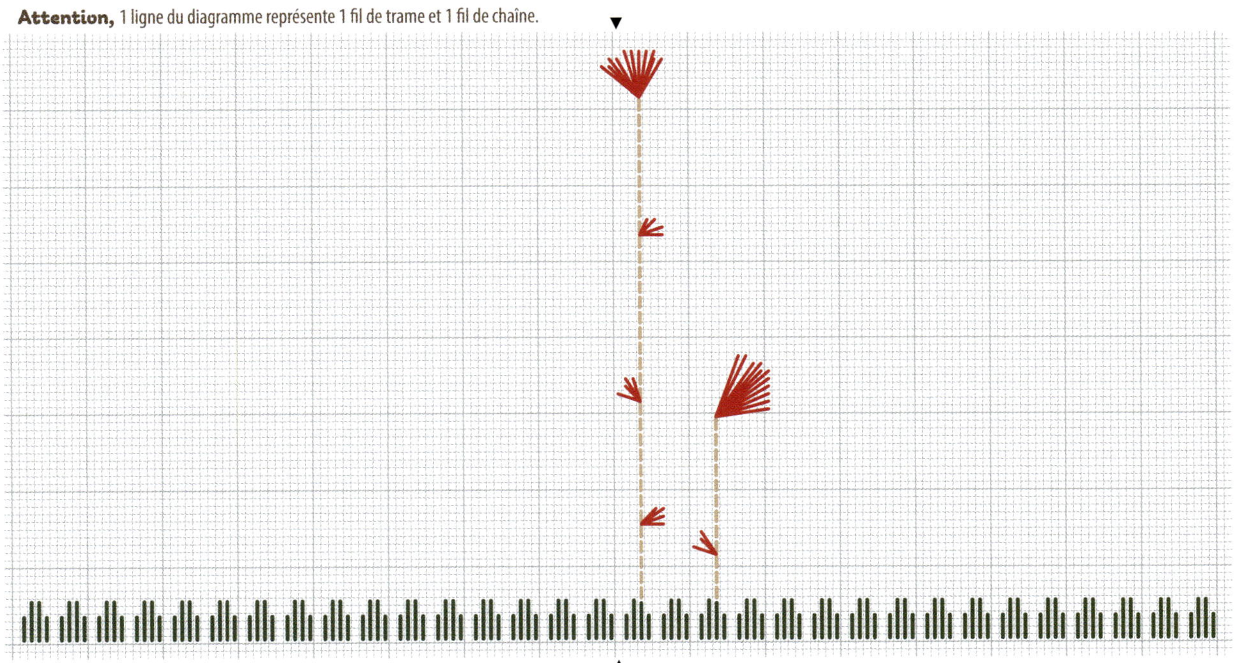

DIMENSIONS HORS CADRE
12 x 17 cm
broderie main
TECHNIQUE

TABLEAU
TORTUE EN BALADE

FOURNITURES

- Toile à broder de Rico Design : écru en 30 cm de large - 11 fils/cm
- Feutrines The Cinnamon Patch de Milpoint :
  havane (097),
  blanc antique (068),
  vert mousse (040),
  rouge (021),
  paille chinée (043)
- Coton à broder mouliné de DMC : blanc, 321, 421, 838, 3346
- 1 cadre de 16 x 21 cm (avec ouverture de 12 x 17 cm)
- Ouate au mètre

COUPE

N.B. COUPER LES PIÈCES EN LIN EN AJOUTANT 2 CM DE MARGE DE COUTURE ; LES PIÈCES EN FEUTRINE ET LA OUATE À BORD BRUT.

COUPER DANS LES FEUTRINES :

- **havane** :
  1 fois la tête de la tortue **A**
  1 fois les pattes **B**
  1 fois la queue **C**
- **blanc antique** : 1 fois l'œil **D**
- **vert mousse** : les feuilles **E**
- **rouge** : 1 fois la carapace **F**
- **paille chinée** : 1 fois le carré **G**

DANS LA OUATE, COUPER :

1 rectangle de 12 x 17 cm

DANS LA TOILE À BRODER, COUPER :

1 rectangle de 18 x 23 cm

RÉALISATION

N.B. BRODER L'ENSEMBLE AVEC 2 BRINS DE FIL À BRODER.

Centrer et bâtir un rectangle de 12 x 17 cm sur la toile à broder (= dimensions hors marge de couture).

BRODERIES ET APPLIQUÉS

- Broder l'herbe en suivant la grille, en plaçant le motif à 2 cm de la base du bâti.
- En s'aidant du dessin codé, broder les tiges et les fleurs.
- Épingler la carapace **F** à 3 cm du bord gauche.
  Appliquer la tête **A**, les pattes **B** et la queue **C** sous la pièce **F** à petits points discrets.
  Poser l'œil **D** sur le dessus, broder l'iris, les cils, les griffes et la bouche.
- Appliquer les feuilles **E**.
- Appliquer le carré **G**.
- Terminer par les points de croix sur la carapace.

MONTAGE

1. Repasser la broderie avec une patte-mouille.
   Retirer le fil de bâti.
2. Superposer la toile brodée sur le rectangle de ouate.
   Positionner le tout sur la vitre du tableau.
   Replier les surplus sur l'envers et les tendre à la manière d'un tapissier (voir cahier technique).
   Insérer la broderie sur le cadre.

DESSIN CODÉ À TAILLE RÉELLE

Points de broderie

1. Point arrière
2. Point lancé
3. Point de nœud double
4. Point de chaînette
5. Point de tige
6. Point de croix

Grille herbe :
— Point lancé (3346)

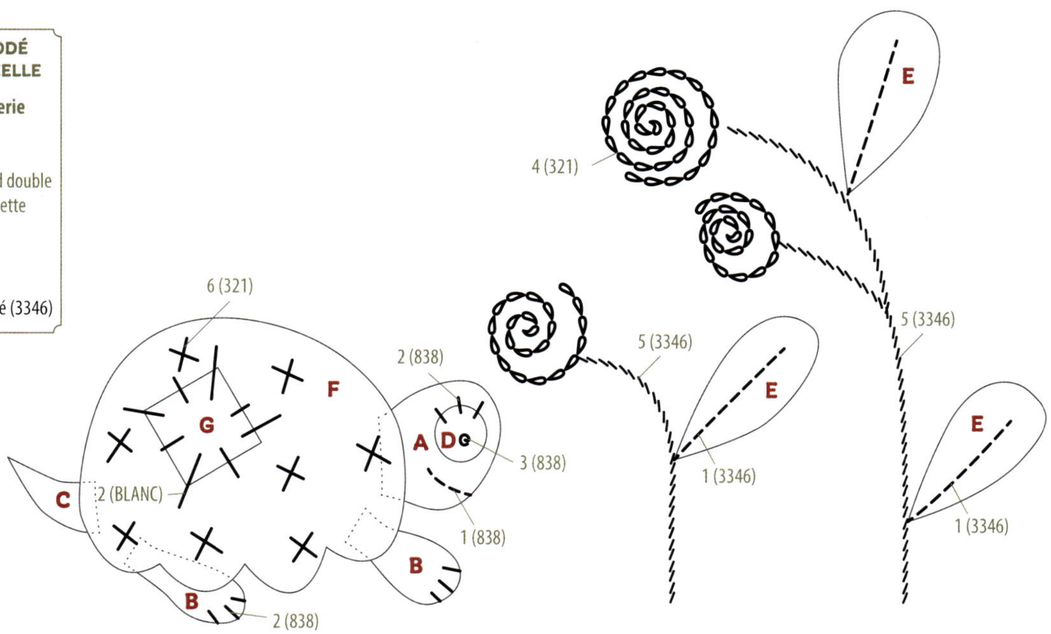

Grille herbe : Attention, 1 ligne du diagramme représente 1 fil de trame et 1 fil de chaîne.

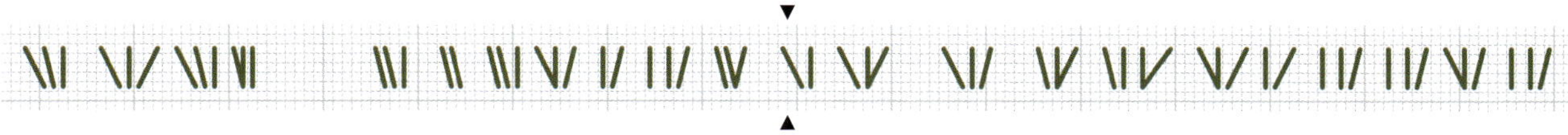

DIMENSIONS HORS CADRE
10,8 x 10,8 cm
broderie main
TECHNIQUE

TABLEAU
HIPPO

FOURNITURES

- Toile de lin de Zweigart : Belfast (réf. 3609) coloris 305
- Feutrines The Cinnamon Patch de Milpoint : framboise (099), blanc antique (068), océan (033), lagon (035)
- Coton à broder mouliné de DMC : blanc, 310, 561, 927, 962
- 1 fleur en bois à coller coloris fuchsia
- 1 cadre de 25 x 25 cm (avec ouverture de 10,8 x 10,8 cm)
- Ouate au mètre

COUPE

N.B. COUPER LA OUATE EN AJOUTANT 2 CM DE MARGE, LA TOILE DE LIN EN AJOUTANT 3 CM DE MARGE DE COUTURE ET LES PIÈCES EN FEUTRINE À BORD BRUT.

COUPER DANS LES FEUTRINES :

- **framboise** : 1 fois le personnage **A**
- **blanc antique** : 1 fois les dents **B**
- **océan** : 1 fois les pattes **C**
- **lagon** : 1 fois les narines **D**

DANS LA OUATE, COUPER :
1 carré de 10,8 x 10,8 cm

DANS LA TOILE À BRODER, COUPER :
1 carré de 10,8 x 10,8 cm

RÉALISATION

N.B. BRODER L'ENSEMBLE AVEC 2 BRINS DE FIL À BRODER.

Centrer et bâtir un carré de 10,8 x 10,8 cm sur la toile à broder (= dimensions hors marge de couture).

BRODERIES ET APPLIQUÉS

- Broder le sol comme indiqué sur la grille en le plaçant à 1 cm de la base du bâti.
- En s'aidant du dessin codé, épingler le personnage **A** à 1,8 cm du sol brodé. Broder les yeux et les sourcils. Appliquer les dents **B** avant de broder la bouche.
- Poursuivre par les oreilles et les pattes en ajoutant les pattes **C** à chaque extrémité. Enfin, broder la tige et les fleurs.

MONTAGE

1. Repasser la broderie avec une patte-mouille. Retirer le fil de bâti.
2. Superposer la broderie sur le carré de ouate.
Positionner le tout sur le cadre intérieur. Replier les surplus sur l'envers et les tendre à la manière d'un tapissier (voir cahier technique).
Insérer la broderie sur le cadre.

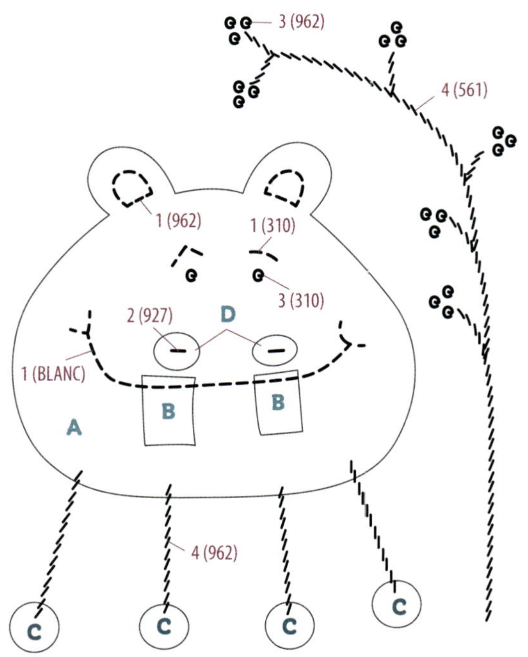

DESSIN CODÉ À TAILLE RÉELLE

Points de broderie
1. Point arrière
2. Point lancé
3. Point de nœud double
4. Point de tige

Grille sol :
Pour faciliter la lecture de la grille, le coloris ne correspond pas à la réalité.
— Point lancé (927)

Grille sol :
Attention, 1 ligne du diagramme représente 1 fil de trame et 1 fil de chaîne.

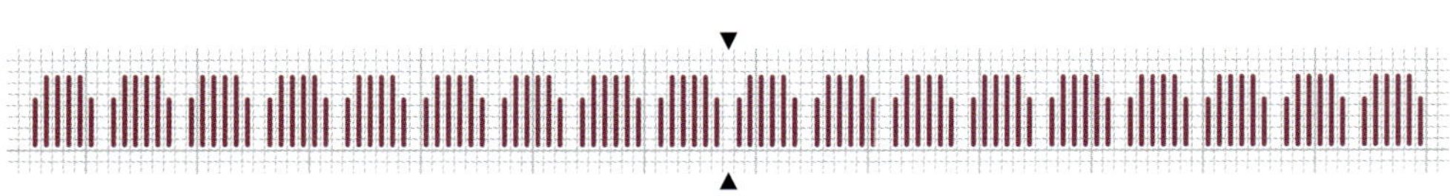

DIMENSIONS TABLEAU 15 x 30 cm
broderie main
TECHNIQUE

TABLEAU
TRIO BIENHEUREUX

FOURNITURES

- Toile de lin de Zweigart : Belfast (réf. 3609) coloris 4034
- Feutrines The Cinnamon Patch de Milpoint :
  cassis (019),
  blanc antique (068),
  rose anglais (017),
  barbe à papa (016),
  marbre (069),
  saumon (082),
  orage (070)
- Coton à broder mouliné de DMC : 224, 310, 646, 902, 961, 3801
- 1 châssis rectangulaire de 15 x 30 cm
- Ouate au mètre
- Agrafeuse

COUPE

N.B. COUPER LES PIÈCES EN LIN EN AJOUTANT 4 CM DE MARGE DE COUTURE ET LES PIÈCES EN FEUTRINE À BORD BRUT.

COUPER DANS LES FEUTRINES :

- **cassis** : 1 fois le corps du personnage **A**
- **blanc antique** : 1 fois le corps du personnage **B**
  1 fois les yeux **C**
  1 fois les yeux **D**
  1 fois le ventre **E**
- **rose anglais** : 1 fois le corps du personnage **F**
  1 fois le nez **N**
- **barbe à papa** : 1 fois les yeux **G**
  1 fois le nez **H**
- **marbre** : 1 fois le nez **I**
  1 fois les mains et pieds **J**
- **saumon** : 1 fois les mains **K**
- **orage** : 1 fois les pieds **L**
  1 fois les mains et pieds **M**

DANS LA OUATE, COUPER : 1 rectangle de 15 x 30 cm

DANS LE LIN, COUPER : 1 rectangle de 15 x 30 cm

Réalisation et montage page suivante →

mt

RÉALISATION

N.B. BRODER L'ENSEMBLE AVEC 2 BRINS DE FIL À BRODER.

Centrer et bâtir un rectangle de 15 x 30 cm sur le rectangle de lin (= dimensions hors marge de couture).

BRODERIES ET APPLIQUÉS

- En s'aidant du dessin codé, centrer et broder le sol à 2,5 cm de la base du bâti.
- Épingler le corps du personnage **A** à 5,5 cm du bord gauche de la toile et 1,7 cm de la broderie.
  Placer les yeux **C** sur le dessus. Broder l'iris et les sourcils.
  Appliquer le nez **N** au point lancé et broder la bouche.
- Continuer par le visage, les bras, les jambes et les motifs comme indiqué sur le dessin. Appliquer les mains **K** et les pieds **L** aux extrémités des membres.
- Épingler le corps du personnage **B** à 4 cm du premier.
  Placer les yeux **G** sur le dessus.
  Broder l'iris et les cils au point lancé. Appliquer le nez **I** au point lancé et broder la bouche et les moustaches.
- Poursuivre par les bras et les jambes.
  Appliquer les mains et les pieds **J** aux extrémités.
- Épingler le corps du personnage **F** à 3,7 cm du second.
  Placer les yeux **D** sur le dessus. Broder l'iris et les lunettes.
  Appliquer le nez **H** au point de croix et broder la bouche.
- Appliquer le ventre **E**, broder les bras, les jambes et les oreilles comme indiqué sur le dessin. Appliquer les mains et les pieds **M** aux extrémités des membres.

MONTAGE

1. Repasser la broderie avec une patte-mouille.
   Retirer le fil de bâti.
2. Superposer la broderie sur le rectangle de ouate.
   Positionner le tout sur le châssis.
   Replier les surplus sur l'envers et agrafer
   (voir cahier technique).

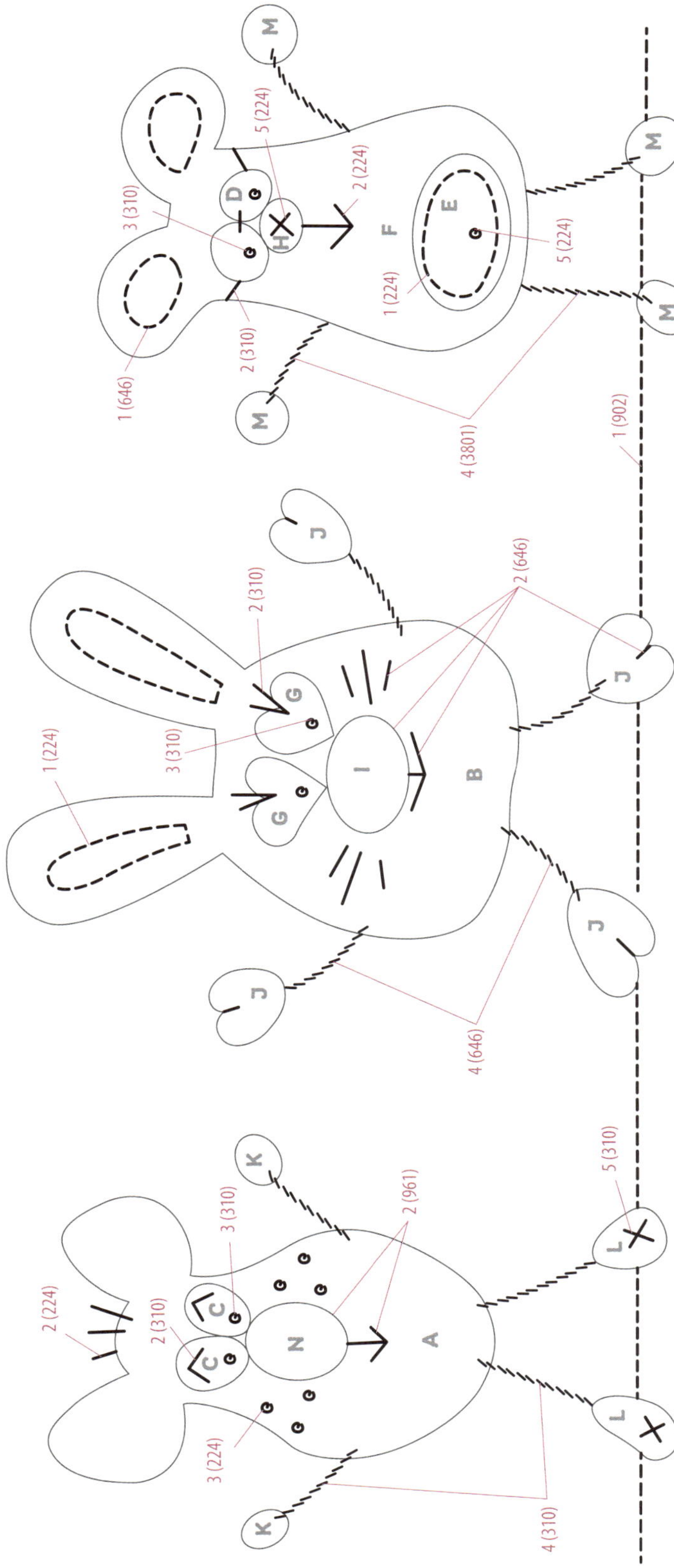

DESSIN CODÉ À TAILLE RÉELLE

Points de broderie

1. Point arrière
2. Point lancé
3. Point de nœud double
4. Point de tige
5. Point de croix

DIMENSIONS HORS CADRE
9 x 14 cm
broderie main
TECHNIQUE

TABLEAU
NAISSANCE MOUTON

FOURNITURES

- Toile à broder de Zweigart : Belfast (réf. 3609) coloris 778 - 11 fils/cm
- Feutrines The Cinnamon Patch de Milpoint : bleu jean (030), crème (056), rose poudre (012)
- Coton à broder mouliné de DMC : blanc, 310, 470, 894
- 1 cadre de 13,5 x 18,5 cm (avec ouverture de 9 x 14 cm) coloris taupe
- Ouate au mètre

COUPE

N.B. COUPER LES PIÈCES EN LIN ET LA OUATE EN AJOUTANT 2 CM DE MARGE DE COUTURE ET LES PIÈCES EN FEUTRINE À BORD BRUT.

COUPER DANS LES FEUTRINES :

- **bleu jean** :
  1 fois le corps du mouton **A**
  1 fois la pièce **B**
  1 fois les pattes **C**
  1 fois la queue **D**
- **crème** : 1 fois la tête **E**
- **rose poudre** : les cœurs **F**

DANS LA OUATE, COUPER :

1 rectangle de 9 x 14 cm

DANS LA TOILE À BRODER, COUPER :

1 rectangle de 9 x 14 cm

RÉALISATION

N.B. BRODER L'ENSEMBLE AVEC 2 BRINS DE FIL À BRODER (SAUF MENTION CONTRAIRE).

Centrer et bâtir un rectangle de 9 x 14 cm sur la toile de lin.

BRODERIES ET APPLIQUÉS

- En s'aidant du dessin codé, épingler le corps **A** sur la toile à 2,5 cm du bâti. Intercaler la tête **E** sous la pièce **B**. Broder les yeux et la bouche.
- Continuer par le nez et les oreilles comme indiqué sur le dessin.
- Placer la queue **D** sous le corps et fixer par quelques points discrets. Broder les décors du corps et les jambes en ajoutant les pattes **C** aux extrémités par quelques points lancés.
- Broder l'herbe comme expliqué sur le dessin.
- Enfin, appliquer les cœurs **F** au point lancé.

MONTAGE

1. Repasser la broderie avec une patte-mouille. Retirer le fil de bâti.
2. Superposer la toile brodée sur le rectangle de ouate.
   Positionner le tout sur la vitre du tableau.
   Replier les surplus sur l'envers et les tendre à la manière d'un tapissier comme expliqué dans le cahier technique.
   Insérer la broderie dans le cadre.

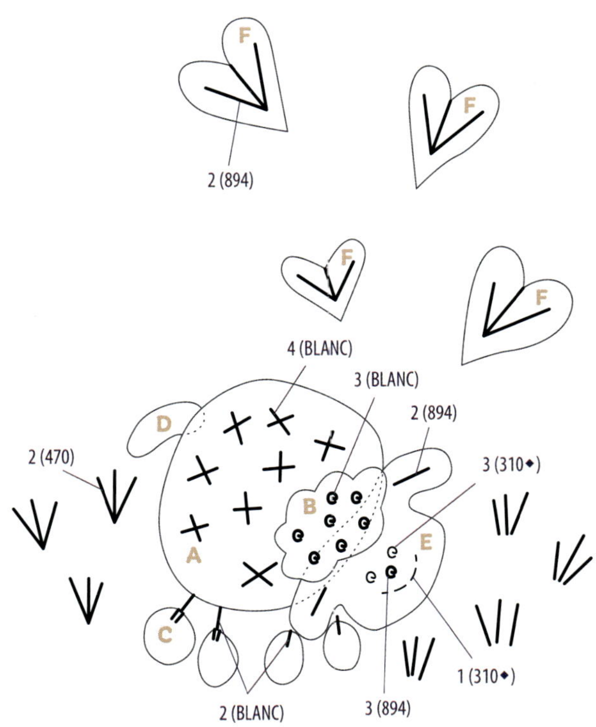

DESSIN CODÉ À TAILLE RÉELLE

Points de broderie
• = Broder avec 1 seul brin de fil.
1. Point arrière
2. Point lancé
3. Point de nœud double
4. Point de croix

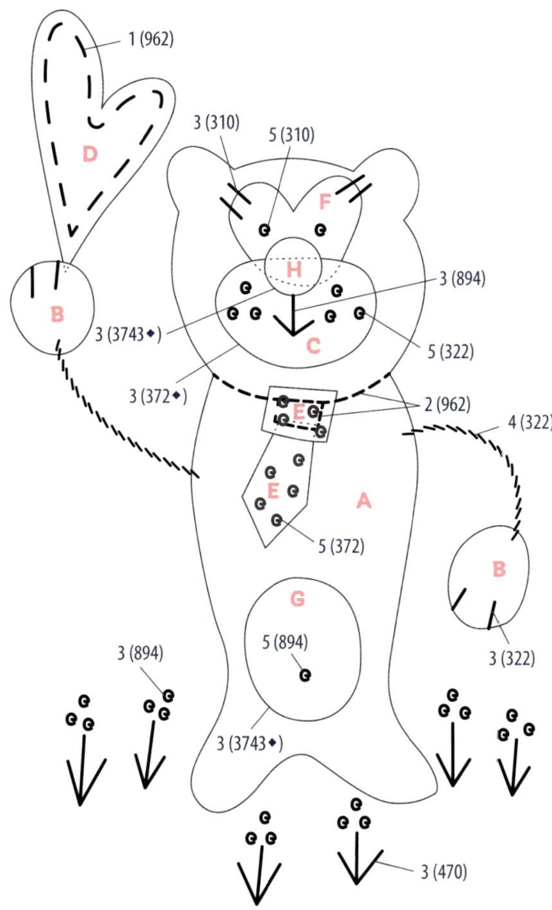

DESSIN CODÉ À TAILLE RÉELLE

Points de broderie

◆ = Broder avec 1 seul brin de fil.

1. Point avant
2. Point arrière
3. Point lancé
4. Point de tige
5. Point de nœud double

DIMENSIONS HORS CADRE 9 x 14 cm
broderie main
- TECHNIQUE -

TABLEAU
NAISSANCE OURS

FOURNITURES

- Toile à broder de Zweigart : Belfast (réf. 3609) coloris 778 - 11 fils/cm
- Feutrines The Cinnamon Patch de Milpoint : mer profonde (096), paille chinée (043), rose anglais (017), blanc antique (068), rose poudre (012)
- Coton à broder mouliné de DMC : 310, 322, 372, 470, 894, 962, 3743
- 1 cadre de 13,5 x 18,5 cm (avec ouverture de 9 x 14 cm) coloris taupe
- Ouate au mètre

COUPE

N.B. N.B. COUPER LES PIÈCES EN LIN ET LA OUATE EN AJOUTANT 2 CM DE MARGE DE COUTURE ET LES PIÈCES EN FEUTRINE À BORD BRUT.

COUPER DANS LES FEUTRINES :

- **mer profonde** :
  1 fois le corps de l'ours **A**
  1 fois les mains **B**
- **paille chinée** : 1 fois la pièce **C**
- **rose anglais** :
  1 fois le cœur **D**
  1 fois la cravate **E** (en 2 pièces)
- **blanc antique** : 1 fois les yeux **F**
- **rose poudre** : 1 fois le ventre **G**
  1 fois le nez **H**

DANS LA OUATE, COUPER :
1 rectangle de 9 x 14 cm

DANS LA TOILE À BRODER, COUPER :
1 rectangle de 9 x 14 cm

RÉALISATION

N.B. BRODER L'ENSEMBLE AVEC 2 BRINS DE FIL À BRODER (SAUF MENTION CONTRAIRE).

Centrer et bâtir un rectangle de 9 x 14 cm sur la toile de lin (= dimension hors marge de couture).

BRODERIES ET APPLIQUÉS

- En s'aidant du dessin codé, épingler le corps **A** sur la toile à 2,7 cm de la base du bâti. Intercaler les yeux **F** sous la pièce **C** et appliquer sur le visage. Broder les iris et les cils.
- Appliquer le nez **H** et le ventre **G**. Broder les taches de rousseur, le nombril et la bouche comme indiqué sur le dessin.
- Continuer par les bras en ajoutant les mains **B** aux extrémités par quelques points lancés.
- Broder les fleurs comme expliqué sur le dessin.
- Superposer les 2 pièces de la cravate **E** et appliquer au point arrière, puis broder les pois.
- Appliquer le cœur **D** au point avant.

MONTAGE

1. Repasser la broderie avec une patte-mouille. Retirer le fil de bâti.
2. Superposer la toile brodée sur le rectangle de ouate.
   Positionner le tout sur la vitre du tableau.
   Replier les surplus sur l'envers et les tendre à la manière d'un tapissier comme expliqué dans le cahier technique.
   Insérer la broderie sur le cadre.

DIMENSIONS TABLEAU 20 x 20 cm
TECHNIQUE broderie main

TABLEAU
MINI-TOYS DE NOËL

FOURNITURES

- Toile de lin Vintage de Zweigart : Belfast (réf. 3609) coloris 1079
- Feutrines The Cinnamon Patch de Milpoint :
  marbre (069),
  blanc antique (068),
  vert mousse (040),
  rouge chiné (064),
  réglisse (060),
  noir (050)
- Coton à broder mouliné de DMC : blanc, 310, 321, 369, 924, 927, 3031
- 1 châssis carré de 20 x 20 cm
- Ouate au mètre
- Agrafeuse

COUPE

N.B. COUPER LES PIÈCES EN LIN EN AJOUTANT 3 CM DE MARGE DE COUTURE ; LES PIÈCES EN FEUTRINE ET LA OUATE À BORD BRUT.

COUPER DANS LES FEUTRINES :

- **marbre** : 1 fois le corps du personnage **A**
- **blanc antique** : 1 fois les yeux **B**
  1 fois le pompon **C**
  1 fois le bord du bonnet **D**
- **vert mousse** : 1 fois le sapin **E**
- **rouge chiné** : 1 fois le bonnet **F**
  1 fois les chaussures **G**
- **réglisse** : 1 fois le tronc **H**
  1 fois les mains **I**
- **noir** : 1 fois le nez **J**

DANS LA OUATE, COUPER : 1 carré de 20 cm

DANS LE LIN, COUPER : 1 carré de 20 cm

Réalisation et montage page suivante →

RÉALISATION

N.B. BRODER L'ENSEMBLE AVEC 2 BRINS DE FIL À BRODER (SAUF MENTION CONTRAIRE).

Centrer et bâtir un carré de 20 x 20 cm sur le carré de lin (= dimensions hors marge de couture).

BRODERIES ET APPLIQUÉS

- Broder le sol comme indiqué sur la grille, en le plaçant à 3 cm de la base du bâti.
- En s'aidant du dessin codé, épingler le corps du personnage **A** à 2 cm de la base de la broderie et 1,5 cm de son extrémité. Placer les yeux **B** sur le dessus. Broder l'iris, les cils et la bouche.
- Appliquer le nez **J**.
- Broder les oreilles, les bras, les jambes en ajoutant les mains **I** et les chaussures **G** aux extrémités.
- Placer le bonnet **F** sur le haut de la tête. Appliquer le bord du bonnet **D** et le pompon **C**. Broder les décors du bonnet.
- Appliquer le tronc **H**.
- Épingler le sapin **E** et compléter la broderie.

MONTAGE

1. Repasser la broderie avec une patte-mouille. Retirer le fil de bâti.
2. La superposer sur le carré de ouate. Positionner le tout sur le châssis. Replier les surplus sur l'envers et agrafer (voir cahier technique).

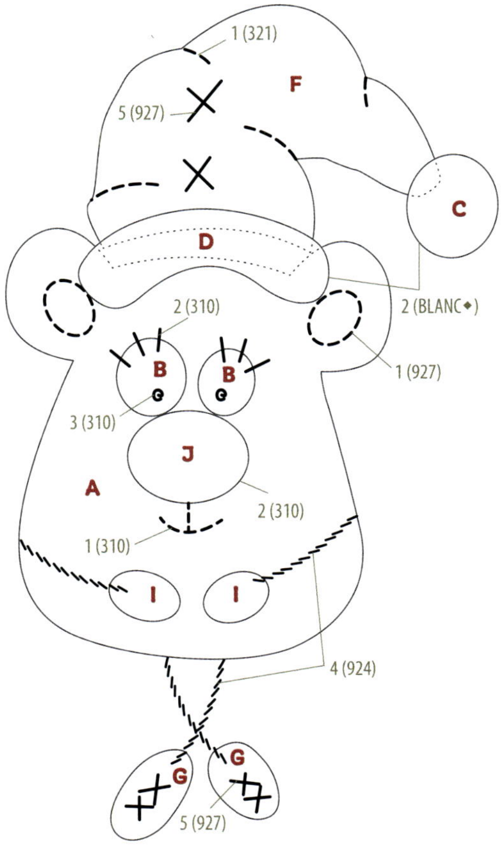

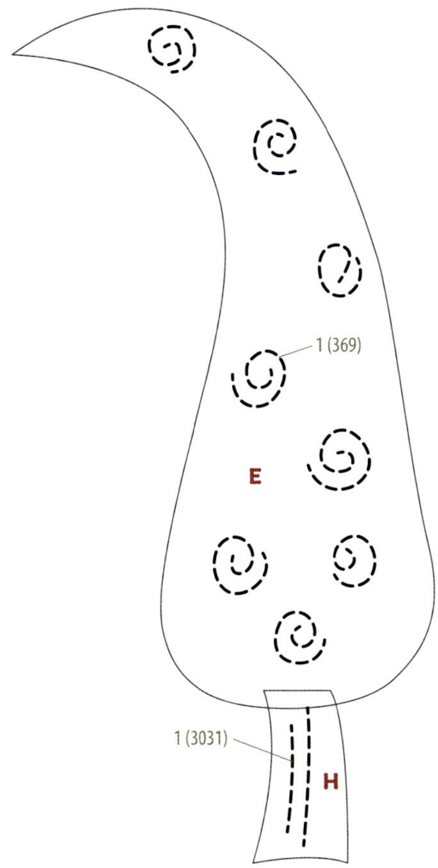

Grille sol :

Attention, 1 ligne du diagramme représente 1 fil de trame et 1 fil de chaîne.

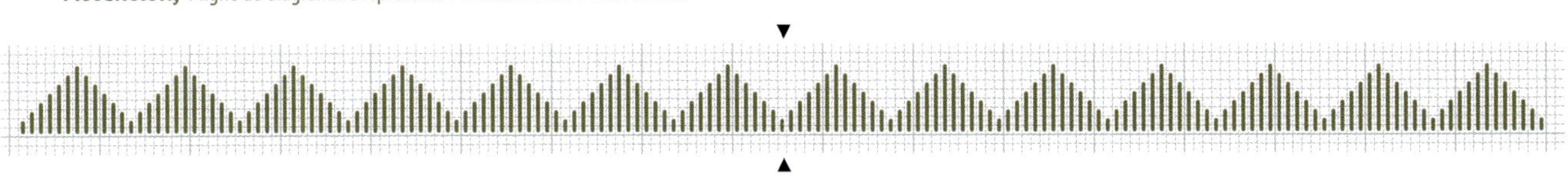

DESSIN CODÉ À TAILLE RÉELLE

Points de broderie

◆ = Broder avec 1 seul brin de fil.

1. Point arrière
2. Point lancé
3. Point de nœud double
4. Point de tige
5. Point de croix

Grille sol :

Pour faciliter la lecture de la grille, le coloris ne correspond pas à la réalité.

— Point lancé (927)

DIMENSIONS TABLEAU
20 x 20 cm
broderie main
TECHNIQUE

TABLEAU
PÈRE NOËL ET RENNE

FOURNITURES

- Toile de lin Vintage de Zweigart : Belfast (réf. 3609) coloris 1079
- Feutrines The Cinnamon Patch de Milpoint :
  marbre (069),
  blanc antique (068),
  rose poudre (012),
  rouge chiné (064),
  réglisse (060),
  camel (088),
  rouge (021)
- Coton à broder mouliné de DMC : 310, 321, 325, 435, 761, 838, 930, 3072
- 1 châssis carré de 20 x 20 cm
- Ouate au mètre
- Agrafeuse

COUPE

N.B. COUPER LES PIÈCES EN LIN EN AJOUTANT 3 CM DE MARGE DE COUTURE; LES PIÈCES EN FEUTRINE ET LA OUATE À BORD BRUT.

COUPER DANS LES FEUTRINES :

- **marbre** :
  1 fois le corps du père-noël **A**
  2 ronds de 0,8 cm (médaille du renne + bouton du bonnet)
  1 rond de 1 cm (bouton du bonnet)
- **blanc antique** : 1 fois la barbe **B**
- **rose poudre** : 1 fois le nez **C**
- **rouge chiné** :
  1 fois le bonnet **D**
  1 fois les chaussures **E**
  1 fois le nez du renne **F**
- **réglisse** : 1 fois les gants **G**
  1 fois les sabots **H**
- **camel** : 1 fois le renne **I**
- **rouge** : 1 fois le collier du renne **J**

DANS LA OUATE, COUPER :

1 carré de 20 cm

DANS LE LIN, COUPER :

1 carré de 20 cm

RÉALISATION

N.B. BRODER L'ENSEMBLE AVEC 2 BRINS DE FIL À BRODER (SAUF MENTION CONTRAIRE).

Centrer et bâtir un carré de 20 x 20 cm sur le carré de lin (= dimensions hors marge de couture).

BRODERIES ET APPLIQUÉS

- Broder le sol comme indiqué sur la grille, en le plaçant à 4 cm de la base du bâti.
- En s'aidant du dessin codé, épingler le corps du père-noël **A** à 1,3 cm de la base de la broderie et 0,2 cm de son extrémité.
  Placer la barbe **B** sur le dessus et la broder. Appliquer le nez **C**.
- Broder les yeux, la bouche, les bras, les jambes en ajoutant les pieds **E** et les mains **G** aux extrémités.
- Appliquer le bonnet **D**. Broder les décors du bonnet.
- Épingler le renne **I** à 1,5 cm de la broderie. Appliquer le nez **F**.
  Broder le visage, les bois et les pattes en ajoutant les sabots **H** aux extrémités.
- Maintenir le collier **J** et broder la médaille selon les indications du dessin.

MONTAGE

1. Repasser la broderie avec une patte-mouille. Retirer le fil de bâti.
2. Superposer la broderie sur le carré de ouate.
   Positionner le tout sur le châssis. Replier les surplus sur l'envers et agrafer (voir cahier technique).

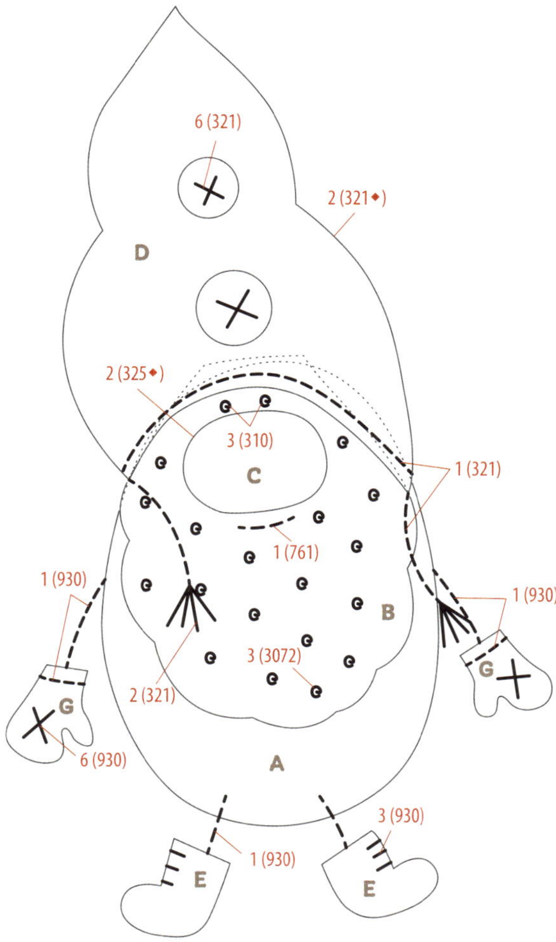

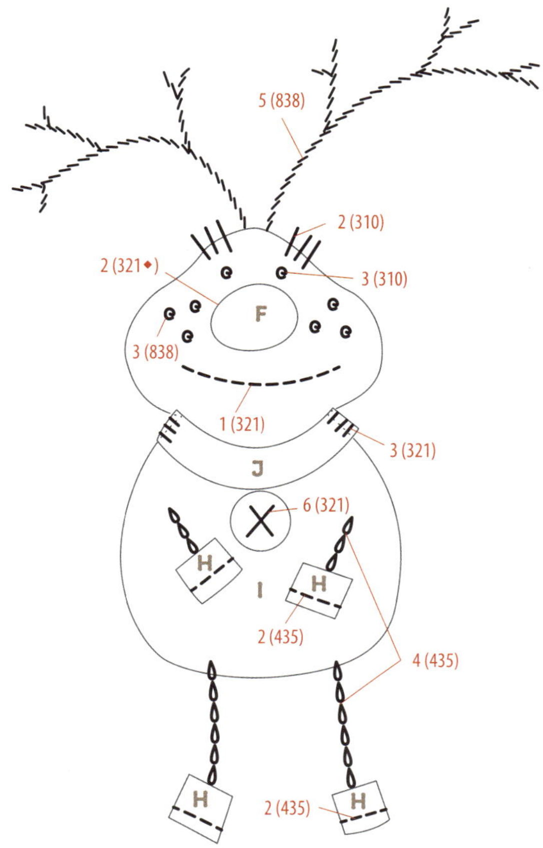

Grille sol :

Attention, 1 ligne du diagramme représente 1 fil de trame et 1 fil de chaîne.

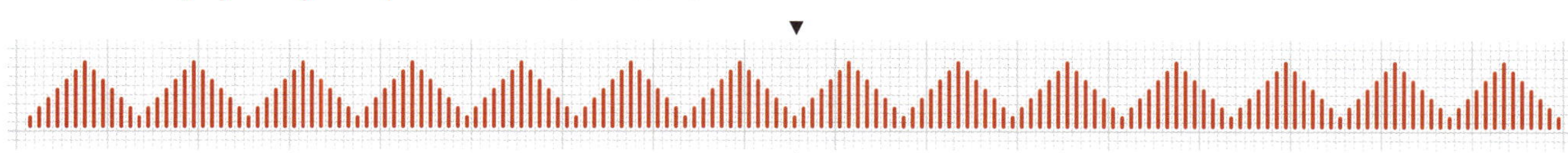

DESSIN CODÉ
À TAILLE RÉELLE

Points de broderie

◆ = Broder avec 1 seul brin de fil.

1. Point arrière
2. Point lancé
3. Point de nœud double
4. Point de chaînette
5. Point de tige
6. Point de croix

Grille sol :

Pour faciliter la lecture de la grille, le coloris ne correspond pas à la réalité.

— Point lancé (927)

Les éditions de saxe
13, rue Jules Verne
CS 40205 - 69630 Chaponost
www.edisaxe.com

Créatrice : Sandrine Guédon
Dessins et textes : Céline Cantat
Maquette : Christine Lim
Photos : Richard Boutin
Stylisme : Vania Leroy

25 MINI-TOYS EN FEUTRINE
MLAB355 – ISBN : 978-2-7565-3-6224
Imprimé en Italie
Dépôt légal : à parution